成長戦略と企業法制

会社補償の実務

第2版

会社補償実務研究会 編

商事法務

第2版はしがき

　本書は、令和元年会社法改正を踏まえて改訂された、会社補償実務指針案（会社補償実務研究会）について解説したものである。会社補償実務研究会は、神田秀樹学習院大学大学院法務研究科教授を座長とし、研究者、企業（野村ホールディングス）、経済団体（日本経済団体連合会）および弁護士（西村あさひ法律事務所）をメンバーとして構成されている。

　会社補償契約制度は、日本企業の役員が自社の持続的かつ健全な企業価値向上のために力を発揮する観点から重要な制度である。欧米諸国において普通に整備されているものであり、日本では令和元年会社法改正でようやく明文化された。会社補償契約制度については導入間もないことから十分な議論等がまだ進んでいない面もあるところ、会社補償の果たす機能等の重要性に鑑み、実務的観点から本指針案が取りまとめられている。本指針案と本書が、企業が会社補償契約制度を円滑かつ前向きに活用する環境整備の一助となれば幸いである。

　本書の刊行に当たっては、株式会社商事法務の井上友樹氏および木村太紀氏に大変お骨折りをいただいた。この場を借りて厚く御礼を申し上げたい。

　2022 年 1 月

弁護士　武井　一浩
弁護士　森田多恵子
弁護士　松本　絢子

初版はしがき

　日本経済の活性化が日本の重要課題であると指摘され、成長戦略のあり方に注目が集まっている。また、グローバル化の進展に伴い海外での成長戦略を志向している日本企業も多い。しかしグローバル化の進展は、世界におけるさまざまな事象が日本企業の経営を直撃する。いずれにしても内外の動向は、制度的な変革を伴う場合が少なくなく、しかもそのなかには企業法制の変革を伴うことも多い。それゆえ企業法制の変革にいかに対処するのかは、当然のことながら企業の重要な経営課題となる。

　こうした状況を踏まえ、株式会社商事法務の発刊にかかる「成長戦略と企業法制」シリーズは、成長戦略がもたらす各種の企業法制の変革に対し企業及びその関係者がいかに実務現場で向き合うのかについて、いくつかの重要テーマを横断的に取り上げ、企業に信頼できる処方箋の提供を意図したものである。

　本書は、「成長戦略と企業法制」シリーズの第三巻として、「会社補償」について取り上げたものである。「会社補償」とは、会社が、役員に対し、役員の地位又は職務執行に関連して損害賠償請求等の民事的請求、行政調査、刑事訴追等に関連する損害賠償額や争訟費用等を補償することをいう。

　企業の活動範囲が広がる中で役員個人が各種請求等からの防御が求められるリスクは無視できないものとなりつつある。会社の持続的成長と中長期的な企業価値向上を図るいわゆる攻めのガバナンスの強化に向けた環境整備が進展する中、企業経営者が過度にリスク回避的になることなく攻めの経営判断を進めていく適切なインセンティブを付与するという観点からも、このようなリスクへの対応としての会社補償の意義が認識されつつある。さらには日本企業が海外市場に経済成長の礎を求めつつある中、海外の有能な経営人

材を採用・リテインするためには、欧米企業が通常提供している会社補償を日本企業も提供できる必要がある。経済産業省コーポレート・ガバナンス・システムの在り方に関する研究会の 2015 年 7 月 24 日付「法的論点に関する解釈指針」（会社法解釈指針）においても、現行法の下で会社補償が認められることが明らかとされている。

　会社補償については、実体的要件や手続に関し検討すべき論点も多く、同じく会社法解釈指針で示された D&O 保険の保険料全額負担に比べると、具体的な取組みが遅れている面がある。そこでこのたび、学界と実務界の有志によって会社補償実務研究会が立ち上げられ、現行法下で会社補償を行う場合における実務上の考え方等を整理するため、会社補償実務指針（案）が公表されている。本書は会社補償実務指針（案）の紹介等を通じて、会社補償に関する実務上の諸論点を紹介したものである。

　なお平成 29 年 2 月に法制審議会で諮問された会社法制（企業統治関係）の見直しにおいても、会社補償が検討課題になっているが、本指針案はあくまで現行法下における解釈をもとに作成されたものである。

　本書の刊行に当たっては、株式会社商事法務書籍出版部の小山秀之氏に大変お骨折りをいただいた。この場を借りて厚く御礼申し上げたい。

　平成 29 年 11 月

弁護士　武井　一浩

目　　次

第3章　令和元年会社法改正を踏まえた会社補償実務指針案の改訂と実務上の諸論点

第4章　会社補償をめぐる実務上の諸論点
──欧米企業とのイコールフッティングの観点を踏まえて［2017年収録］

第 1 章

会社補償実務指針案
平成 29 年 5 月 25 日策定
令和 3 年 10 月 15 日改訂

第 1　会社補償について

一　本指針案策定の背景

1　役員がその地位又は職務執行に関連して損害賠償請求等の民事的請求や行政調査・刑事訴追等を受けた場合、役員個人が被った損害賠償金等や当該請求等に関連して生じた争訟費用等について、会社が一定の場合に負担する行為が「会社補償」である。

2　会社の持続的成長と中長期的な企業価値向上を図る、いわゆる攻めのガバナンスの強化に向けた環境整備が進展する中、会社補償は、会社損害の拡大や役員の過度なリスク回避を予防し、優秀な人材の確保にもつながるなど、会社の利益に資する面がある。役員が職務の執行に関し訴訟等で責任追及を受けた場合に、当該役員が適切な防御活動を行えるよう会社において当該防御活動のための費用を負担することは、当該会社の損害の拡大の防止にもつながる。

3　会社補償については、2015 年に経済産業省のコーポレート・ガバナンス・システムの在り方に関する研究会が、2015 年 7 月 24 日付報告書別紙 3「法的論点に関する解釈指針」（以下「**会社法解釈指針**」という）[1] におい

て、当時の会社法の下で会社補償が認められる旨を述べている。そして、会社補償について様々な実務上の論点が想起されることから、本研究会は、2017 年 5 月に「会社補償実務指針案」（以下「**原指針案**」という）を公表した[2]。

4　その後、2019 年改正会社法（2021 年 3 月 1 日施行。以下「**2019 年改正会社法**」又は単に「**会社法**」という）において、会社補償に関する規定が明記され、会社補償契約制度が導入されるに至っている。

5　そこで、本研究会は、2019 年改正会社法を踏まえて、原指針案を改訂して本指針案を策定した。

6　会社補償契約制度については導入後間もないことから十分な議論等がまだ進んでいない面もあるところ、会社補償の果たす機能等の重要性に鑑み、実務的観点から本指針案をとりまとめている[3]。企業が会社補償契約制度を円滑かつ前向きに活用する環境整備の一助となれば幸いである。

二　本指針案における用語の定義

1　「会社補償」＝会社が、役員等に対し、争訟費用等及び損害賠償金等を補償することをいう。なお、後記の通り、職務関連性等の要件が「争訟費用等」及び「損害賠償金等」の定義において課されている。

2　「会社補償契約制度」＝ 2019 年会社法改正において創設された、会社が役員等に対して会社補償をすることを約する契約に関する制度をいう。

3　「役員等」＝会社法上の取締役、会計参与、監査役、執行役及び会計監査人をいう。

---

[1]　なお、会社法解釈指針が言及していた会社補償は、会社と役員とが補償契約を締結することを前提にしていたところ、2019 年会社法改正で会社補償契約制度が正面から規定されたため、会社法解釈指針が規定していた各種要件も 2019 年会社法改正により上書きされたものと考えられる（たとえば、社外取締役全員の同意等は補償契約締結の手続における要件ではなくなったなど）。

[2]　内容の詳細については、原指針案を参照されたい。

[3]　言うまでもないが、本指針案は、2019 年改正会社法の公的な解釈を示すものではない。

4　「争訟費用等」＝役員等が、その職務の執行に関し、法令の規定に違反したことが疑われ、又は責任の追及に係る請求を受けたことに対処するために支出する費用をいう（会社法 430 条の 2 第 1 項 1 号参照）。

　なお、「職務の執行に関し」とは、職務執行自体だけでなく、その執行に直接間接に関連してなされた場合が含まれる。

5　「損害賠償金等」＝役員等が、その職務の執行に関し、第三者に生じた損害を賠償する責任を負う場合における、①当該損害を当該役員等が賠償することにより生ずる損失、及び②当該損害の賠償に関する紛争について当事者間に和解が成立したときの当該役員等が当該和解に基づく金銭を支払うことにより生ずる損失をいう（会社法 430 条の 2 第 1 項 2 号参照）。

三　会社補償の必要性（会社の利益に資すること）

　適切な会社補償に係る制度を整備することは、以下のような観点から、会社の利益に資するものと考えられる。

1　会社への損害を回避ないし縮減し得ること

(1)　役員等がその職務の執行に関し法令の規定に違反したことが疑われ、又は責任の追及に係る請求を受けた場合に、防御活動のために必要十分な争訟費用等をかけられず、適切な防御を行わないことがかえって会社の損害を拡大させてしまう場合がある。

　たとえば、①役員等が適切な防御活動を行うことが、会社に対するレピュテーションの維持を含め、会社へのダメージを軽減することにつながること[4]、②実質的に会社の意思決定システムの合理性が問題視され

---

[4]　不祥事の存在が疑われる場合には、会社としては速やかに事実関係を把握し、必要に応じて規制当局に自ら事実を報告し、それによって会社の受ける損害をコントロールすることが望ましい。しかしながら、このような被疑案件の自主申告によって個人である役員等も行政調査等の対象となり、その防御のための経済的な負担が個人である役員等にすべて帰せられるとすると、会社の最善の利益の実現と役員等の個人的利益との間に対立が生じ得ることとなる。会社補償によって、役員等の経済的負担を一定程度軽減することは、こうした会社と役員等の利害対立を抑止し、結果として会社の利益に資することとなる。

ている場合には、会社の管理責任を追及する損害賠償請求と共通の事実
関係が問題になり、株主代表訴訟における補助参加の場面と同様、会社
と役員等の防御活動が共通となり得ること、③会社と役員等が連帯責任
を負い、最終的に会社への求償が可能な場合には、役員が十分な防御活
動を行うことにより、ひいては最終的に会社が負うべき責任についても
縮減され得ること等が挙げられる。

(2)　なお、争訟費用等は、時系列的に、役員等がその職務の執行に関し法
令の規定に違反したことが疑われ、又は責任の追及に係る請求を受けた
当初段階（すなわち役員の責任の有無が判断される前の段階）から生じる
ため、当初段階から会社が確実かつ適正に争訟費用等を補償すること
により役員等の十分な防御活動をサポートすることが、会社の利益に照ら
しても重要となる。また、争訟費用等の前払いを広く認めることで、役
員等の個人的資力の状況にかかわらず、当初段階から十分な防御活動を
行うことが可能となる。

2　事前に明確な会社補償契約が約定されていることで役員等が過度にリス
ク回避的な判断を行うことを避ける効果があること

(1)　個人責任リスクがある事業活動に関して過度にリスク回避的な判断を
行わないように、事前（ex ante）に明確な会社補償契約を約定しておく
ことで、役員等の過度なリスク回避を予防する効果がある。

(2)　事前の明確な補償約定がない場合には、役員等が現にその職務の執行
に関し法令の規定に違反したことが疑われ、又は責任の追及に係る請求
を受ける局面や当該請求に関して敗訴判決等を受ける局面で、役員等か
ら見て会社が補償をしてくれるのか否か不確定要素が大きいことから、
役員等が過度にリスク回避的になる懸念が生じる。

3　優秀な人材の確保につながること

(1)　会社の中長期的な価値を高めるためには、国内外に広く優秀な人材を
求めることが重要になるが、役員等として巨額の請求を受ける不安を抱
えることが、優秀な人材が役員等への就任を躊躇する一因となる。

　　　昨今、企業統治の議論等では、多様性やスキル・マトリックスの一要

素として、役員の国際性が例示されることが増えてきている。米国等において役員等に過失がある場合でも一定の範囲で会社補償が認められているのに対して、日本においては役員等に過失がある場合を会社補償の対象外とすることは、海外から役員等を招聘する際の障害ともなり得る[5]。

(2)　かかる不安を払拭するためには、会社補償の約定を役員等の就任条件とすることが有用であり、国内外から優秀な人材を役員等として迎え入れることに資する。

四　会社補償に関する欧米の実務状況

　日本では2019年改正会社法でようやく会社補償に関する規律が明文化されたが、欧米では従前から会社補償について一定の枠組みと実務が形成されている。概要は末尾**別紙1**を参照されたい。

五　2019年改正会社法において創設された会社補償契約制度

　2019年改正会社法では、会社補償に関する規律が会社補償契約制度として明文化されている。

[実務上の視点①]　会社補償契約制度の実務上の意義
　2019年改正会社法で会社補償契約制度が導入されたことによって、事前の会社補償契約の締結が一般的プラクティスになっていくものと考えられる。会社補償契約制度を利用することによって、会社が現に補償を実行する際の補償費用の範囲や善管注意義務に関する疑義・不明確性等の実務上の懸念がなく、また、役員側にとっても予見可能性と法的安定性が高いものになるといえる。D&O保険との比較の観点では、会社補償には、保険支払手続を待たずに即時に争訟費用等を支給できること（たとえば、争訟費用等の前払補償[6]については、会社への補償請求のほうが第三者であるD&O保険の保

[5]　一問一答106頁参照。現行の民法の委任契約に基づく補償では、役員等に過失がある場合に利用されづらいなどの難点がある。
[6]　前払いは、被補償者を代理して当該費用の請求書を会社が直接受領して支払う方法や、被補償者に対して当該費用を支払うに足りる金員を事前に交付する方法などが考えられる。

5

険者への保険金請求より迅速に実施しやすい）、D&O 保険でカバーされない範囲を補償できる場合があること等の点で、D&O 保険にない有用性がある。会社補償と D&O 保険とは車の両輪として機能する（後記［実務上の視点⑩］参照）。

　D&O 保険が幅広く利用されているのと同様、会社補償も、役員の争訟費用等の確保等の観点で実効性のある制度であって、積極的に利用されるべきである[7]。

1　会社補償契約の締結と取締役会決議

(1)　株式会社は、役員等に対して、争訟費用等又は損害賠償金等の全部又は一部を当該株式会社が補償することを約する契約（会社補償契約）の内容を決定するには、株主総会（取締役会設置会社にあっては、取締役会）の決議によらなければならない（会社法 430 条の 2 第 1 項）。

(2)　利益相反取引に関する規定（会社法 356 条 1 項、365 条 2 項等）及び自己契約に関する規定（民法 108 条）は適用されない（会社法 430 条の 2 第 6 項・第 7 項）。

(3)　会社法解釈指針で挙げられていた社外取締役の関与は法定要件とはされていない。もっとも、会社補償契約の内容の決定は、取締役会設置会社では、機関設計を問わず、取締役会決議事項となっている（また、上場会社等においては社外取締役が必置となっている）。したがって、社外取締役がいる取締役会設置会社では、社外取締役が当該取締役会決議に関与することとなる。

［実務上の視点②］　会社補償契約の内容決定の取締役会決議
1 会社法上、「役員等」との会社補償契約の内容の決定に取締役会決議を要するので、監査役と締結される会社補償契約の内容の決定も取締役会決議事項である。これは監査役の報酬の決定が取締役会決議事項ではないのとは異なる。
2 会社法上、役員等との会社補償契約の内容の決定に取締役会決議を要すると

---

(7)　山越・42 頁参照。

ころ、会社補償契約の相手方である各取締役は当該取締役会決議について「特別の利害関係」（会社法369条2項）を有しているという議論がある。たとえば、取締役が15名いる場合、15名全員と統一的内容[8]で締結される会社補償契約の内容を決定する際に、各相手方を外した15個の議案の決議を採るという最も保守的な方法も考えられるが、かかる方法はあまりに迂遠で非効率である。全取締役だけでなく全監査役にも共通する統一的内容の会社補償契約とする場合も多いと考えられ、同じ内容の会社補償契約を締結するのに（取締役の）人数分の決議を重ねて行うことには、実質的にも合理性がない。

　（取締役の人数分の回数、実際に付議と決議を繰り返すのではなく）一回の取締役会決議で会社補償契約の内容を決定する方法としては、たとえば、会社補償契約の内容の決定に係る議案の付議時に「これから各役員と締結する各会社補償契約の内容の決定を一括（一回）で決議するが、かかる一括決議は、各会社補償契約について各契約当事者である取締役は特別の利害関係を有する取締役として議決から除外されているという前提で行う。かかる付議方法で異議がないか」を確認した上で、一括（一回）で決議を行う（法的には15個の議案の決議が採られている）ことが考えられる[9][10]。

3　たとえば、X年に任期1年の取締役Aと有効期間1年の会社補償契約を締結している場合であっても、「会社補償契約は、Aが役員等に在任中は、一

---

(8)　ここでいう統一的内容とは、①各役員について契約内容が同一である場合だけでなく、②（役員報酬における役職ごとに固定報酬額が異なる報酬テーブルと同様）役職ごとに補償上限が異なる補償テーブルが定められている場合なども含めた、ひな型のような統一的内容である場合を指している。

(9)　①現在及び将来の取締役の全員を被保険者とするD&O保険契約の内容の決定について、取締役全員が当該取締役会決議について共通の利害関係を有していることから、被保険者の取締役も決議に加わることができるという考え方（一問一答144頁、会社法コンメンタール158頁［田中亘］など）が実務でもとられているところ、会社補償契約の内容の決定についても、上記のように全役員に統一的内容である場合にはD&O保険契約の内容の決定の場面と利害状況が異ならないと考え、D&O保険契約の内容の決定と同じ方法で取締役会決議を行うことも考えられる。②なお、簡便法による取締役会決議の取得についての議論として、たとえば日本取引所金融商品取引法研究第19号（2021年7月）106頁［洲崎博史発言］など。

(10)　特別利害関係人は議長を務めることができないとの見解もあることから（会社法コンメンタール298頁［森本滋］参照）、取締役会の議長を務める取締役Aとの会社補償契約については、取締役Bが議長を務めるという前提で付議することについても確認しておくことも考えられる。

方当事者から異議が出されない限り、自動的に更新されるものとする」と定められており、X＋1年のAの再任にあたって自動更新されるときは、当該会社補償契約の内容に変更がない限り、毎年の取締役会で必ず決議し直すまでの必要はないと考えられる。

　X＋1年に新たに就任した役員等Bとの間の会社補償契約に関しては、BについてX＋1年に取締役会決議を行うことが考えられる[11]。

2　会社補償契約制度による補償の実行手続

(1)　会社補償を実行すること自体の決定については、会社補償契約においていわゆる義務的補償を約定するなど、取締役会決議によることを要しないとすることが認められる。個別具体的な事象が生じた段階で会社補償の是非を改めて取締役会に付議することとすると、被補償者である役員の側から見れば、会社補償の要件を満たす場合でも会社補償を受けられる確証がなく、会社補償が十分な担保にならない場合があるためである（たとえば、事後的に経営権が変動することも生じ得る）（後記［実務上の視点④］参照）。

(2)　一定の損害賠償金等について、義務的補償ではなく任意的補償にする会社もあるかもしれない。任意的補償とする場合には、会社補償額の多寡等を踏まえて、たとえば監査役会設置会社において「重要な業務執行」の決定に該当する場合には取締役会決議事項とすることが考えられる（会社法362条4項。なお、監査等委員会設置会社及び指名委員会等設置会社については、399条の13第4項・5項、416条1項1号・4項参照）。

(3)　取締役会設置会社において、会社補償契約制度に基づいて会社補償をした取締役及び当該会社補償を受けた取締役は、遅滞なく、当該補償についての重要な事実を取締役会に報告しなければならない（会社法430

---

[11]　なお、X年の取締役会決議で将来の役員等まで含む形で統一的内容の会社補償契約に係る承認決議をとっている場合であって、X+1年に新たに就任した役員等Bとの間で統一的内容どおりの会社補償契約を締結する場合には、Bとの会社補償契約についてもX年の取締役会決議において承認が得られていると考えることも可能であろう。D&O保険契約の取締役会決議における従前からの取扱いも同様である。

条の 2 第 4 項)。

> **［実務上の視点③］　会社補償の実行に関する取締役会への報告**
>
> 　会社補償に関する重要な事実の取締役会への報告義務は、利益相反取引に関する報告義務と同様の趣旨であると解されることから、利益相反取引における実務と同様の取扱い[12]とすることが考えられる。争訟費用等については、たとえば、弁護士費用が毎月請求され、毎月支払い（会社補償）が行われる場合がある。こうした場合において、毎月の取締役会で報告を行うことまでは必要なく、対象事案の進捗状況等に鑑みその節目ごとなど、一定の合理的期間ごとに報告を行うことでも、取締役会への遅滞なき報告義務は果たされていると考えられる。また、一定の目安となる金額を（1 年間等の）一定期間について設けた上で、当該額を超えない限り、報告頻度を（年に 1 回等の）当該一定期間ごととすることも合理的であると考えられる[13]。

3　争訟費用等の会社補償

(1)　争訟費用等については、通常要する費用の額を超える部分は会社補償の対象とならない（会社法 430 条の 2 第 2 項 1 号）ほか、当該費用を会社補償した会社が、当該役員等が自己若しくは第三者の不正な利益を図り、又は当該株式会社に損害を加える目的で職務を執行したことを知ったときは、当該役員等に対し、会社補償した金額に相当する金銭の返還を請求することができる（会社法 430 条の 2 第 3 項）。

(2)　費用補償における「通常要する費用の額」は、（条文上も明確に書き分けられているとおり）「相当と認められる」費用の額（会社法 852 条 1 項）と同義ではない。「通常要する費用の額」は、事案の内容その他の諸般の事情を総合的に勘案して客観的に必要とされる額を意味すると考えられる。

(3)　「相当と認められる」費用の額は、裁判例等からすると、現に要した費用に比して、相当低額になる場合もあるが、会社補償契約制度においてこうした低額の費用しか「通常要する費用の額」に該当しないと解す

---

[12]　利益相反取引の報告義務について、たとえば会社法コンメンタール 241 頁［北村雅史］参照。
[13]　利益相反取引の事後的報告についても、同様の実務的事例がある。

ることは、会社補償契約制度の機能・趣旨を没却することとなり、適切ではない[14]。

> **［実務上の視点④］　義務的補償か任意的補償か**
> 1 会社補償においては、義務的補償（会社補償契約に定める事由等が生じれば会社は役員に会社補償する法的義務を負う）と任意的補償（会社補償を現に行う時点で取締役会決議等の会社の意思決定を改めて要する）という区分がある。
> 　　争訟費用等の会社補償についていうと、会社補償契約制度の趣旨に照らして、義務的補償とすることが合理的な場合が多いと考えられる[15]。任意的補償では、役員の立場からすると会社補償がされる確証が何らないばかりか、補償をする会社側としても法的責任を伴い得る難しい判断となる。また、米国では経営権の交代を契機に旧役員を提訴することが頻発し、その過程で新経営陣が会社補償規則を撤廃する事案も生じたことを受け、訴訟原因となった役員の行為時点で存在している会社補償・費用前払いの権利は事後的に削除・修正できないことが明確にされている[16]。こうした事象は日本でも起こり得ることである。
> 2 なお、どのような場合を会社補償の対象とするのかについては、法定の範囲内で各社が検討することとなるが、義務的補償か任意的補償かにかかわらず、補償対象・範囲の明確性（補償を現に行う際に判断に迷う事態を避けたいという要請）も、実務上の一つの重要な考慮要素となる。

4　損害賠償金等の会社補償

(1) 「損害賠償金等」とは、前記の通り、役員等が、その職務の執行に関し、第三者に生じた損害を賠償する責任を負う場合における、①当該損害を当該役員等が賠償することにより生ずる損失、②当該損害の賠償に関する紛争について当事者間に和解が成立したときの当該役員等が当該

[14] 後藤・73頁は「役員等に対する責任追及は事案ごとの個別性が強いとすれば、『通常』という文言のニュアンスにあまり囚われるべきではないと思われる」、「役員等の萎縮の防止という制度目的からは、防御活動の必要性を厳密に審査すべきではないと思われる」と述べている。

[15] なお後記第2部の一4参照。

[16] 2009年のデラウェア会社法145条f項の改正。会社補償実務研究会「会社補償の実務」（商事法務、2018年）147頁［山中利晃］参照。

和解に基づく金銭を支払うことにより生ずる損失である（会社法430条の2第1項2号参照）。

(2) 損害賠償金等については、①会社が損害を賠償するとすれば役員等が会社に対して会社法423条1項の責任を負う場合における当該責任に係る部分の損失、及び②当該役員等がその職務を行うにつき悪意又は重大な過失があった場合における損失の全部は会社補償の対象とならない（会社法430条の2第2項2号・3号）。

(3) 会社法429条の損害賠償責任に係る損失は、上記(2)を除いて、会社補償契約制度によって会社補償することができる[17]。

> **［実務上の視点⑤］ 対会社責任の損害賠償金等の会社補償の制約**
> 1 現行法制では、本文記載の通り、会社が損害を賠償するとすれば役員等が当該会社に対して会社法423条1項の責任を負う場合における当該責任に係る部分の損失は会社補償契約制度による会社補償の対象とはならないことが明確である（会社法430条の2第2項2号）[18]。

[17] (1) 神作裕之ほか「座談会―令和元年会社法改正」法の支配199号37頁以下の議論参照（野村修也発言等）。会社補償における「重過失」は、会社が役員に対して補償するかどうかの話なので、会社法429条の「重過失」概念よりも、会社法425条等の「重過失」概念のほうが論理的に近い。そうした点を踏まえると、役員に対する萎縮効果の防止という会社補償契約制度の趣旨からは会社補償を認めるべき場面もあり得ることから、会社補償契約制度の重過失（会社法430条の2第2項3号）は会社法429条の重過失と同一と考えるべきなのか、事案ごとの個別判断となるという考え方もあり得るところである。なお、学説の中には、現在の会社法429条について、①その射程を直接損害に限定すべき（会社法429条を取締役の軽過失による不法行為責任を免責する規定と理解する）との議論や②立法論として不要であり廃止すべき（直接損害事例については不法行為責任、間接損害事例では債権者代位権を通じた解決で足りる）などの議論もある（議論の詳細については、たとえば高橋陽一「役員等の対第三者責任」論究会社法（有斐閣、2020年）157頁以下など）。
(2) 会社補償における重過失概念はその性格・機能に照らすと、429条の重過失のほうではなく、425条から427条の重過失概念に沿った解釈が適切ではないかという議論にも説得力があると考えられる。
[18] なお、たとえば責任限定契約を締結している非業務執行取締役Yが会社法423条1項の責任として責任限度額（たとえば200とする）を超える額（たとえば500とする）の損害賠償責任を会社Xに対して負うことが判決等で確定した場合、YがXに対して200しか支払わないこと（300を支払わないこと）は責任限定契約の効果によるもの（当該300はXがYに元々責任追及できないもの）であり、YがXに支払わない300は会社補償の規律（損失等の会社補償としての開示を含む）の対象外であると考えることが合理的である。

　　なお、立法論として、学界では、(1)①米国では不当な財産上の利益を得た場合でないこと等の一定の要件を満たした場合には裁判所命令により会社補償が可能であり、当該会社補償額が D&O 保険で補填される対象となっている（会社にとっても経済的損失の補填を実効的に図ることができる）、②①を踏まえ、責任免除と会社補償とは必ずしも同一の機能を有すると見るのではなく、要件や手続きの定め方によっては、対会社責任に関する会社補償も認められるべきである[19]、(2)責任限定契約制度（会社法 427 条）について（法律で免責要件や免責金額を適切に定め適切な水準の抑止効果を維持しつつ）業務執行取締役も適用対象に含められるべきであるなどの議論もある[20]。

2 役員等が会社に対して会社法 423 条 1 項の任務懈怠の責任を負うことの立証責任は、当該任務懈怠を主張する側にある。そのため、たとえば、金融商品取引法で取締役に無過失の立証責任が課されている有価証券報告書等の虚偽記載の損害賠償責任（金商法 21 条、22 条、24 条の 4 等）に関し、取締役が投資者に対して損害賠償責任を負った場合でも、取締役が無過失の立証をできなかったことと取締役の会社に対する任務懈怠が立証されたこととは異なるので、当該取締役が会社に対する会社法 423 条の任務懈怠責任を負う場合に該当するとは限らない[21]。したがって、こうした損害賠償責任額について、会社補償の対象となる場合はあり得る。

3 会社と役員の両者が同一事案で第三者から提訴や法的請求を受けている場合において、第三者との紛争を解決する目的等で会社が支払義務者として一括して支払う和解金等が会社補償契約制度の射程外であることについて、後記〔実務上の視点⑥〕参照。

4 争訟費用等については、会社法 430 条の 2 第 2 項 2 号の制限は存在しない。

5　会社補償契約制度における情報開示

(1)　事業年度の末日において公開会社である株式会社は、以下の事項を事

---

[19]　和田宗久「会社法改正と会社補償・D&O 保険法制のあるべき姿」企業会計 69 巻 10 号 117 頁など。

[20]　高橋陽一「会社補償および役員等賠償責任保険（D&O 保険）」別冊商事法務 454 号 154 頁、張笑男「取締役の責任軽減制度のあり方に関する考察―責任限定契約方式の適用対象を中心に」川濱昇先生・前田雅弘先生・洲崎博史先生・北村雅史先生還暦記念　企業と法をめぐる現代的課題（商事法務、2021 年）349 頁以下など。

[21]　江頭・486 頁

業報告で開示する必要がある。

①取締役等（取締役、監査役、執行役）と会社補償契約を締結しているときは、会社補償契約の当事者となっている取締役等の氏名（会社法施行規則 121 条 3 号の 2 イ）[22]

②当該会社補償契約の内容の概要。当該会社補償契約によって上記①の取締役等の職務の執行の適正性が損なわれないようにするための措置を講じているときは当該措置の内容（会社法施行規則 121 条 3 号の 2 ロ）

③会社補償契約に基づいて取締役等（当該事業年度の前事業年度の末日までに退任した者を含む。以下本③及び後記④において同じ。）に対して争訟費用等を会社補償した株式会社が、当該事業年度において、当該取締役が当該職務の執行に関し法令に違反したこと又は責任を負うことを知ったときは、その旨（会社法施行規則 121 条 3 号の 3）[23]

④当該事業年度において、会社補償契約に基づいて取締役等に対して損害賠償金等を会社補償したときは、その旨及び会社補償した金額（会社法施行規則 121 条 3 号の 4）[24]

(2)　役員選任候補者との間で会社補償契約を締結しているとき又は締結する予定があるときには、当該会社補償契約の内容の概要を、役員等の選任議案に係る株主総会参考書類に記載する必要がある（会社法施行規則 74 条 1 項 5 号等）。

(3)　2019 年改正会社法及び「会社法の一部を改正する法律の施行に伴う関係法律の整備等に関する法律」（令和元年法律第 71 号）の施行等に伴い、企業内容の開示に関する内閣府令が改正され、上記(1)②から④の各

[22]　①は会社補償契約の当事者となっている役員名であり、現に会社補償を受けた役員名は③④でも開示対象となっていない。

[23]　費用の会社補償を受けた会社役員の氏名を事業報告に記載する必要はない。なお、法務省パブコメ回答は、当該事業年度において、当該会社役員の職務の執行に関し、「法令の規定に違反したこと」又は「責任を負うこと」のいずれを知ったのかを明らかにして記載することが相当であるとしている。

[24]　法務省パブコメ回答によれば、①損害賠償金等の会社補償を受けた会社役員の氏名や損失の具体的内容を開示する必要はないが、②損害賠償金と和解金のいずれを会社補償したかを明らかにして記載することが相当であるとしている。

　　事項が、有価証券報告書の記載事項としても追加されている（第2号様
　　式記載上の注意（54）・第3号様式記載上の注意（35））。
⑷　事業報告で開示対象となるのは、会社補償契約制度に基づく会社補償
　　だけである（民法に基づく補償など会社補償契約制度の射程外の補償は対象
　　外である。後記**六**参照）。

[実務上の視点⑥]　和解金に係る損失の会社補償と開示義務

1　現在、一般的に行われている各種の和解において会社等が行っている和解金
　の支払いについて、すべからく会社補償契約制度による開示義務の対象にな
　るとすると、円滑な和解・紛争解決が阻害される懸念が生じ得るが、そのよ
　うな弊害を惹起させることは会社補償契約制度の企図するものではない。こ
　の点は、会社法改正が議論された法制審議会でも明示に問題提起がなされ、
　たとえば、会社と役員が共に紛争の当事者になっている場合に、解決金とし
　て会社から金銭が支払われる場合と会社補償とでは場面が異なるという議論
　がなされている[25]。

2　会社補償契約制度が射程にしているのは、「役員等が、その職務の執行に関し、
　第三者に生じた損害を賠償する責任を負う場合における」損失である。社会
　における多くの和解は役員が損害賠償責任を負うことを認めるものではない
　[26]ことから、この要件にそもそも該当しない場合が多いと考えられる。

3　また、会社補償契約制度が想定しているのは、役員が「その職務の執行に関
　し、第三者に生じた損害を賠償する責任を負う場合」において、役員が和解
　金を支払うことにより生じる損失を、会社が補償するケースである。会社と
　役員の両者が同一事案で第三者から提訴や法的請求を受けた場合で、第三者
　との紛争を解決する目的等の経営判断で会社が支払義務者として一括して和
　解金を支払うことは、会社補償契約制度の射程外である（会社補償契約に基
　づく会社補償が行われているわけではない）と考えられる[27]。当該和解金の
　支払いは、会社補償契約に基づく義務として取締役の損害賠償責任に係る損
　失を会社が会社補償したものではなく、会社補償契約制度の射程外であると

⑵⑸　第18回議事録10 − 11頁〔小林俊明委員発言〕参照。
⑵⑹　こうした和解の場合、役員が対会社との間で観念すべき内部負担割合も存在しない場合が多い
　　と考えられる。
⑵⑺　神田ほか座談会84頁［神田秀樹発言］、第18回議事録11頁〔竹林俊憲幹事発言〕参照。邉・
　　63頁（Q50）や太田＝野澤・237頁［太田洋］等の議論もある。

もいえる[28]。

4 以上の点からすると、企業が会社補償契約制度を導入することで、これまで通常行われてきた和解による紛争解決が損なわれるわけではないと考えられる。

六　会社補償契約制度とその周辺

1　会社補償契約制度による会社補償契約が締結されていない場合でも、民法の委任契約の規律に基づく補償（会社法 330 条及び民法 650 条）を行うこと自体は否定されないと解されている[29]。

2　民法は、「受任者は、委任事務を処理するのに必要と認められる費用を支出したときは、委任者に対し、その費用…の償還を請求することができる」（650 条 1 項）と規定している。また、「委任事務を処理するについて費用を要するときは、委任者は、受任者の請求により、その前払をしなければならない」（649 条）と費用の前払規定を置いている。つまり、委任事務処理のための「費用」については、職務執行における「必要性」が認められる場合には、事前の補償契約が締結されていなくても、役員は会社に補償（前払いを含む）を求めることができると規定している。これは「委任は委任者のためにその事務を処理する契約であるが、そのため受任者に損害を生ぜしめないことを要する」という委任の趣旨によるものと考えられている[30]。

3　監査役・監査等委員・監査委員については、会社法の規定に基づいた費用償還請求権が存在している（会社法 388 条等）。これも、会社補償契約がなくても、費用償還を受けることができる類型である（むしろ、個別の会社補償契約によって制限できない費用償還である）。この場合、監査役等の職

---

(28)　関連する議論として、田中・17 頁、後藤・72 頁など。

(29)　中間試案補足説明 32 頁、竹林ほか座談会 99 頁以下など参照。

(30)　幾代通＝広中俊雄編『新版注釈民法⑯債権(7)』（有斐閣、1989 年）269 頁［明石三郎］参照。事務処理の過程で受任者に生じる不利益等を填補する委任者の責任といえる（山本豊編『新注釈民法⑭債権(7)』（有斐閣、2018 年）308 頁［一木孝之］参照）。

務執行上の費用について、職務執行に必要でないことを会社が証明しない限り、会社は費用の前払請求や償還請求等を拒むことができないと規定されている。

4　民法は650条3項において、「受任者は、委任事務を処理するため自己に過失なく損害を受けたときは、委任者に対し、その賠償を請求することができる」と規定している。役員等が職務執行のため過失なく受けた損害等については、会社補償契約が締結されていなくても、会社法330条・民法650条の規定に基づいて、役員が会社から補償を受けることは否定されないと解されている[31]。

5　役員に過失がない場合[32]の争訟費用等について、会社法330条・民法650条3項の規定に従い、会社は支払義務を負うと考えられる[33]。このような支払いは、会社と役員との間の委任契約に特段の定めがなくても民法の規定が補充的に適用され、会社補償契約制度によらないで行うことが認められる。

　　また、「損害賠償金等」のうち役員が負担した和解金について、「役員が過失なく損害を受けたとき」（民法650条3項）に該当する場合も同様である。

［実務上の視点⑦］　会社補償契約制度と民法に基づく補償との関係

1 会社法における会社補償契約制度は、会社補償契約に基づく会社補償が認められない範囲を明確にしている。民法に基づく補償の場合には（民法の補償の規定は任意規定であることから）当事者間の契約自由の原則が働くものと考えられるものの、他方で、会社法上の会社補償契約制度の趣旨に明白に反する補償は民法に基づく補償としても許容されないと解されるものがあり得

---

(31)　一問一答107頁。

(32)　役員に何らかの過失がある場合に、役員の争訟費用等がおよそ民法等の規律に従い補償できないのかは解釈論となる。役員の職務執行の一部分に過失があったからといって、当該職務執行に関連した争訟における役員の争訟費用等の全体が「委任事務を処理するのに必要と認められる費用」等におよそ該当し得ないことになると一概には結論づけられないと考えられるが、いずれにしても個別具体的な事実関係次第の解釈論となる。

(33)　会社法解釈指針脚注20、会社法コンメンタール153頁［田中亘］など。なお、会社補償契約制度の趣旨に鑑み、補償対象は通常要する費用の額と考えておくことが適切であろう。

る。

　　いかなる範囲で会社法上の規律が及ぶのかは、解釈論に委ねられている。

2　民法の委任契約に関する規律を超えた上積み的な補償を会社が役員等に対して行う場合には、会社と役員等との間で何らかの会社補償契約が存在していると考えられる。たとえば、軽過失の役員等が損害賠償金を支払った場合に会社がその損失を補償すること[34]は、民法の補償規定は無過失で受けた損害だけを補償対象として規定していることから、任意規定である民法の規定を修正する特約を行い、上積みの会社補償を行っていることになる。こうした上積みの会社補償がある場合には、会社法が民法の特別法であることに照らして、会社補償契約制度の規律に服さなければ行えないとする考え方があり得る。

3　　以下では**図表**1の各場合に分けて検討する。

図表 1

	会社補償契約に基づく会社補償	会社補償契約に基づかない補償
民法規定からの上積み補償あり	A　会社補償契約制度の規律に服する	D　あり得る（民法に基づく補償の特約など）
民法規定のとおり	C　会社補償契約制度の規律に服する	B　民法に基づく補償

⑴　Aの「会社補償契約制度の規律に服する」の意味は、次のとおりである。

　　たとえば、損害賠償金等について役員等に軽過失がある場合に補償することは、民法の補償規定から上積みをする会社補償を約したことに該当する可能性がある。その場合、会社補償契約制度の規律に服し、会社法が定める手続規制や情報開示規制等に服することとなる。

　　役員等に重過失がある場合の損害賠償金等の補償については、会社補償契約制度が重過失の場合の損害賠償金等の会社補償を否定している。この点について、会社法が民法の特別法として規律を行っていると考えると、重過失の場合に補償する補償契約をあらかじめ締結することは認められないことになる。

---

[34]　たとえば、一問一答118頁は、従業員の業務上の事故等について、従業員の適正な労働条件の確保について取締役に軽過失での不法行為責任（民法709条）が認められる場合、取締役が賠償した損害賠償額について会社補償を行うことは可能であるとしている。

(2)　Ｂについては、民法の委任の規律に基づく補償であり、会社補償契約制度の規律外（射程外）であると考えられる[35]。

Ｂの補償は、民法の委任（契約）の規律に基づく補償であり、補償についての特段の新たな約定・契約があって行われるものではないと整理される。

但し、Ｂの民法の委任の規律に基づく補償の場合、役員等に軽過失がある場合の損害は補償されない（民法 650 条 3 項参照）。争訟費用等についても、役員等に過失があることが判決等で明確になった場合に、民法の委任に基づく補償が可能なのかは実務的にも疑義が生じる。他方、ＡやＣなど会社補償契約制度に基づく会社補償を行う場合は、役員側は争訟費用等の会社補償を受けられることとなる。

(3)　Ｃについては、民法が定めている補償と同内容の補償であっても、当該補償が会社と役員との間で事前に締結された会社補償契約に基づいて行うこととした場合、民法の特別法としての会社法の規律（すなわち会社補償契約制度の規律）が及ぶのではないかと考えられる[36]。

(4)　Ｄについては、これまで民法の補償の特約として取り扱ってきた項目の中には、会社補償契約制度の射程外で行われるものもあり得ると考えられる。

たとえば、役員の出張規程において、一定以上の役員は航空機の利用に当たりビジネスクラスやファーストクラスの利用を可能とする（あるいは従業員よりも高いグレード・価格の宿泊施設の利用も可能とする）などの

---

[35]　竹林ほか座談会・100 頁［竹林俊憲発言］では、改正会社法の会社補償契約制度によらないで、たとえば会社法 330 条・民法 650 条に基づき補償する場合、あるいは契約を結ばないで補償する場合については、必ずしも会社補償契約制度が要請する開示義務等は及ばないと説明されている。なお、Ｂの補償を役員と約して行うことも、委任の規定の下での費用償還等に関する契約として認められると考えられる（竹林ほか座談会・100 頁［神田秀樹発言］）。

[36]　ＢやＤの民法の委任の規律に基づく補償の世界を明確に残しておきたい実務上の要請があるのであれば、締結される会社補償契約においてその旨（ＢやＤの民法の委任の規律による補償は、当該会社補償契約の射程外である旨）を確認的に規定しておくことも考えられる。ただ、たとえば争訟費用等については、会社補償契約制度による補償のほうが民法の委任の規律に基づく補償よりも補償の可否等が明確であり、また開示が要請される対象も「会社補償契約に基づいて取締役等に対して争訟費用等を補償した会社が、当該事業年度において、職務の執行に関し、当該取締役等が法令に違反したこと又は当該取締役等に責任があることを知ったときは、その旨」等に限定されていることなどから、民法の委任の規律に基づく補償を会社補償契約制度の射程からあえて外しておく実務上の要請はあまり大きくないのかもしれない。

　　取扱いがあることが多い。かかる出張規程を、たとえば役員等が海外での
　防御活動等のために出張する際にもそのまま適用することがあり得る。こ
　うした出張規程の適用による費用負担[37]が委任事務の処理に「必要」なの
　かどうかは微妙な場合もありえ、その場合には民法の委任規定から上積み
　で支払われていることもあると解されるが、他方で、会社補償契約の規律
　に服さないとおよそ支払いができないとまで考える合理性にも乏しい。会
　社補償契約制度が規定する争訟費用等には弁護士費用以外の費用項目も概
　念的に含まれているところ、弁護士費用以外の費目については、Ｄの世界
　でこれまでどおり支払うことができるものもあり得ると考えられる。
4 会社法で規定される公開会社の事業報告における会社補償に関する開示の射
　程は、会社補償契約制度に基づいて行われた会社補償に限定されている[38]。
　　なお、民法に基づく補償について、それが「株式会社の会社役員に関する
　重要な事項」（会社法施行規則 121 条 11 号）として事業報告における開示対
　象となるのかは、ケースバイケースの判断となる。これは 2019 年会社法改
　正以前から存在していた論点であり、会社補償契約制度の導入前に特に開示
　対象とされずに適法に行われてきた態様の民法に基づく補償（図表のＢや
　Ｄの世界）についてまで、新たに開示対象になるものではないと考えられる。

**［実務上の視点⑧］　会社と役員等の両者が責任追及の請求等を受けた場合の争
　　　　　　　　　訟費用等**

1 会社補償契約制度が想定しているのは、前記［実務上の視点⑥］のとおり、
　役員等が争訟費用等（役員の職務の執行に関し、法令の規定に違反したこと
　が疑われ、又は責任追及に係る請求を受けたことに対処するために支出する
　費用）を支払うことにより生じる損失を、会社が会社補償するケースである。
　同一事由で会社と役員等の両者が提訴・法的請求を受けている場合に、会社
　が一括してその防御活動を行い（両者に責任がない方向での防御活動である
　ことが通常である）その争訟費用等を負担することは、会社補償契約制度の
　射程外である（会社補償契約に基づく会社補償が行われているわけではない）
　と考えられる。
2 たとえば、同一事案をもとに第三者から会社と役員等の両者が法的請求や提

---

[37]　これらの類型は、会社が直接購入・費用負担して進められることが一般的には多いと思われる
　　が、役員等が先に購入・費用負担して会社に支払いを求める場合もあり得る。
[38]　竹林ほか座談会・100 頁［竹林俊憲発言］。学界における議論として、たとえば神田ほか座談
　　会 86 頁［藤田友敬発言］。

訴等を受けた場合に、会社と役員等の双方について同一の弁護士 P を会社がリテインする（その前提として、会社と役員等との間に実質的な利益相反がないと判断できる）ケースは、実務的にもよくある。こうしたケースにおいて会社が P の弁護士費用を一括で支払う（役員等には負担させない）ことも、①会社がその事業運営に伴って発生する費用を負担していること、②会社補償契約に基づく義務として役員等に費用補償をしているものではないこと、③会社と役員等との間に利益相反関係がない[39]（そのため同一弁護士の P が受任することに問題がない）ことなどから、会社補償契約制度の射程外である（会社補償契約に基づく会社補償が行われているわけではない）と解される場合が多いと考えられる。

［実務上の視点⑨］　報酬／雇用契約等

1 会社補償の外側の世界として、たとえば、報酬の上乗せや相当額の金銭貸付けなどの方法もあり得る。報酬については会社法の報酬規制（会社法 361 条等）がかかり、役員への金銭貸付けについては、会社法の利益相反取引の手続（会社法 356 条 1 項 2 号、365 条 1 項）を経る必要がある場合があり得るとしても、会社補償の外の世界として実行可能である。

　刑事事件における保釈保証金は、会社法上の会社補償契約制度の下での会社補償の対象外であると解されているが、会社法上の利益相反取引の手続を経た上で役員に対して相当額の金銭貸付けを行うことは、会社補償契約制度の規律に反することなく可能（会社補償契約制度の射程外）であると考えられる[40]。

2 雇用契約に基づく被用者への補償についても会社補償契約制度の射程外である[41]。

---

[39]　特に、会社も役員等も共に責任を否定する方向で対応している場合、利益相反関係がない。会社補償契約制度は、会社補償が会社と取締役との利益相反取引に該当することを前提に、一定の要件のもとで利益相反取引規制の適用を排除しているところ、そもそも会社と取締役との間に利益相反性がない態様においては、会社補償契約制度の規律の前提を欠いている。

[40]　一問一答 116 頁参照。

[41]　なお、雇用契約に関連して、近時、最高裁判所にて、被用者が使用者の事業の執行について第三者に損害を加え、その損害を賠償した場合には、被用者は、使用者の事業の性格、規模、施設の状況、被用者の業務の内容、労働条件、勤務態度、加害行為の態様、加害行為の予防又は損失の分散についての使用者の配慮の程度その他諸般の事情に照らし、損害の公平な分担という見地から相当と認められる額について、使用者に対して求償することができるとする判断が示されている（最判令和 2 年 2 月 28 日民集 74 巻 2 号 106 頁）。この最高裁判例は、被用者か

3 執行役員は、会社法上の「役員等」に該当しないことから、その者との補償契約は会社補償契約制度の射程外である[42]。
4 雇用関係にある者が取締役を兼務している場合、使用人(雇用契約者)としての職務遂行が取締役としての立場での職務執行と明確に切り分けられるのかが論点となる。使用人としての職務遂行であると明確に切り分けられる行為に起因した補償は、会社法上の会社補償契約制度の枠外で行うものと考えられる[43]。報酬と補償とは一種の表裏の関係にあるところ、使用人兼務取締役の報酬について、一定の要件のもと使用人給与分は取締役の「報酬等」(会社法 361 条 1 項)に該当しないという現行法の通説的解釈(最判昭和 60 年 3 月 26 日判時 1159 号 150 頁参照)は、会社補償についても参考になると考えられる。
5 親会社で従業員である者が子会社で取締役である場合、①子会社が会社補償を行う場合は、子会社において会社補償契約制度の規律を受けることとなるが、②親会社が行う補償は、親会社の従業員の職務執行に対する補償であり、会社補償契約制度の射程外であると考えられる[44]。

[実務上の視点⑩]　D&O 保険と会社補償との調整

1 会社補償契約制度と D&O 保険制度とは、実務的にも車の両輪である。会社補償と比較して、D&O 保険においては、①補填すべき損失等の範囲について会社法上の制約規定(会社法 430 条の 2 第 2 項等)は置かれていない[45]、②会社が倒産状態になっても機能し得る、③保険会社という第三者が介在し

ら使用者に対する逆求償が認められることを明確にした判例である。「不法行為等に基づく損害は、本来、不法行為を行った被用者が全額賠償すべきであって、使用者(会社)には負担部分はなく逆求償は認められない」という伝統的見解を否定した面がある。舟橋伸行「被用者が使用者の事業の執行について第三者に加えた損害を賠償した場合における被用者の使用者に対する求償の可否」ジュリスト 1553 号 89 頁参照。

[42] 執行役員が取締役を兼務している場合、執行役員としての立場での職務執行と取締役としての職務執行とが切り分けられるかが論点となる。

[43] 使用人兼務取締役について、使用人としての行為に起因して生じた争訟費用等や損害賠償金等の補償を含めて、1 つの会社補償契約で手当てすることも可能であると考えられるが、その場合も同様である。

[44] また、親会社の役職員ではない子会社の役員に対して、親会社が補償する場合もあり得る(特に海外子会社側がこうした補償を親会社に対して求めてくる事例がある)。かかる場合は、親会社が補償を行う正当性(インセンティブ付けなど)についての検討を行うこととなる。

[45] たとえば、会社補償で補償されない対会社の損害賠償責任が D&O 保険でカバーされ得る。

ていることに伴う利益相反性の違い等から会社法上の開示規制等に差異が設けられている、④免責事由や免責額、保険金の上限額等が必ず設定され、また保険金の支払請求手続を要する、⑤ D&O 保険料等の費用がかかる、等の特徴がある。

2 会社補償契約制度を導入する場合、既存の D&O 保険契約との調整についてもいくつか論点となる事項がある。たとえば、役員側が二重の受益を受けないための調整規定を会社補償契約に規定することとなる。

3 D&O 保険においては、会社が会社補償を行う場合の保険金支払いの際に、新たな免責額（自己負担額）が適用される場合がある。たとえば、役員等 X の争訟費用等において、会社補償契約制度がない場合に X の争訟費用等が保険で補填されるときの免責額が a 円（比較的低額）であるところ、会社が会社補償契約で X の争訟費用等を会社補償の対象とした場合には、当該争訟費用等が当該保険で会社に補填されるときの免責額が（a よりも高額な）β 円となる例が海外では見られる。

　なお、米国の先端的 D&O 保険では、①サイド A の D&O 保険（役員が支出した額を補償する保険）は被保険者が会社から補償を受けられない場合に限って適用される、②サイド B の D&O 保険（会社が役員に補償した補償額を補填する保険）については一定の免責金額が設定される、③役員が会社に補償請求をしてから 30 日以上経過しても会社が何も行動を起こさない場合には被保険者である役員個人が保険金を受け取ることができる旨の約定が置かれる場合もあるなど、会社補償があっての D&O 保険という建付けになっており、また会社補償と D&O 保険の補完関係は円滑であるとも紹介されている[46]。

第2　会社補償契約における実務上の留意点

　以下では、会社補償契約を作成する際の実務的な留意点をいくつか述べる。

---

[46]　たとえば山越・42 頁等。

一　争訟費用等の会社補償

1　義務的補償とする場合にはその旨を規定する。「争訟費用等」とは、被補償者（役員等[47]）が、役員等としての職務の執行（本契約締結前に行われた職務の執行を含む）に関し、法令の規定に違反したことが疑われ、又は責任の追及に係る請求を受けたことに対処するために支出する費用である。

　補償対象とする争訟費用等の範囲について、民事訴訟、刑事訴訟又は行政手続を問わず、それらの手続において必要となる弁護士その他の専門家に対する報酬、訴訟費用（和解までに生じた費用を含む）、各種調査費用等が「費用」に含まれることを例示することが考えられる。
　なお、移動費・出張費等については、役員向けの費用償還規定（出張旅費規程）等がすでに存在していることが多いと考えられるところ、費用項目によっては、こうした既存の民法に基づく補償の取扱いとの関係についても明確にしておく（会社補償契約の射程を明確にしておく）ことも考えられる（前記［実務上の視点⑦］参照）。
2　会社補償の対象となる争訟費用等とは、役員等の「職務の執行に関し」責任の追及に係る請求を受けた場合等に必要となる費用である。役員等の地位や職務におよそ関係しない理由又は専ら役員等個人の利益を図るためにされた行為により当該役員等が民事訴訟、刑事訴訟又は行政手続に巻き込まれた場合は、会社補償の対象となる争訟費用等には当たらないと考えられる。

　なお、たとえば、役員等がその職務とは無関係に行った自社株売買についてインサイダー取引規制違反の有無が問題となって当該役員等が行政調査等を受けた場合について、米国の判例法では、会社の情報管理体制のあり方に関連しているのであれば、by reason of の解釈として会社補償の範囲に含まれ、争訟費用等の会社補償の対象に含まれる場合があり得ると考

---

[47]　会社補償契約制度の射程となっている、会社法上の「役員等」を意味する（会社法423条1項）。この点は会社補償契約の最初に置かれる定義規定等で明確にしておいた方がよいだろう。

られる。

　なお、たとえば、役員等がその職務とは無関係に行った自社株売買について インサイダー取引規制違反の有無が問題となって当該役員等が行政調査等を受けた場合について、米国の判例法では、会社の情報管理体制のあり方に関連しているのであれば、by reason of の解釈として会社補償の範囲に含まれ、争訟費用等の会社補償の対象に含まれる場合があり得ると考えられている。この点は日本の議論においても一つの参考となろう。

3　争訟費用等の補償対象となるのは、「法令の規定に違反したことが疑われ、又は責任の追及に係る請求を受けたことに対処する」場合等に必要となる費用である。役員等が請求を受けた際に、当該請求に対して反訴その他の積極的行動を役員側が採る場合も、請求を受けたことに対処するものとして、争訟費用等の補償対象になり得ると考えられる（ちなみに米国では in defending の解釈論となる）[48]。

4　会社が被補償者を会社法 423 条を根拠に提訴する場合や被補償者が会社を提訴する場合の争訟費用等は、①会社補償の対象外とすることや②米国のような change in control に備えた手続規定（別紙 1 の 7 参照）を入れた会社補償とすることなど、別異の取扱いとすることも考えられる。なお、株主代表訴訟に至った場合の役員側の争訟費用等を会社補償の対象とする場合には、その旨を明記しておくことも考えられる[49]。

5　会社補償契約は役員在任中に会社と締結されるものであるところ、会社

---

[48]　他方、会社補償契約により争訟費用等が会社補償されることを奇貨として役員等が不当訴訟等を行う場合は、会社補償の対象となる争訟費用等には当たらないと考えられる。

[49]　中間試案補足説明において、争訟費用等について、「株主が会社法第 847 条第 1 項に規定する責任追及等の訴えを提起する場合や、株式会社が当該責任追及等の訴えを提起する場合も、会社補償の対象となる。これは、会社補償の趣旨からすれば、株式会社による責任の追及の場合であっても、第三者又は株主による責任の追及の場合と同様に、株式会社が役員等が防御活動に要する費用を補償することを予め約することができる余地を認めるべきであると考えられるからである」と解説されている。

[50]　なお、役員等に就任する前の職務執行について行われた請求等は、役員としての職務に関連しない限り、会社補償契約制度の射程外である。

[51]　対象とする場合に、請求期間に期限を設けるか否かも検討対象となり得る。

補償契約締結前の職務執行に係る請求[50]等も会社補償の対象とする場合にはその旨を規定する。

　また、役員在任中に請求等を受けた場合だけでなく、役員退任後に請求等を受けた場合についても会社補償の対象とするのか[51]、明確にすることが考えられる。

6　役員等からの会社補償請求のプロセス、会社補償請求に要する書類等、適式な請求があってから会社補償を支払うまでの日数等、会社補償手続についても規定することになろう。

　争訟費用等の前払いが可能であることは、会社補償の世界においてきわめて重要である。会社補償請求の書面には、被補償者において合理的に入手することができ、当該費用の前払いの必要性及びその範囲を判断するために合理的に必要な書類及び情報を含めることが考えられる[52]。なお、会社補償請求時の提出書類として、弁護士と依頼者との間の秘匿特権等を侵害するおそれのある内容を含む書類又は情報までは提出を求めるべきではない。前払いは、被補償者を代理して当該費用を支払う方法も、被補償者に対して当該費用を支払うに足りる金員を事前に交付する方法も考えられる。

　会社補償される争訟費用等の範囲は「通常要する費用」であるが、会社補償契約で定められた会社補償請求手続を経ることをもって通常要する費用である旨が満たされるプロセスを設計しておくことで、会社補償の実務はより円滑に行われることとなる。

7　会社補償請求を行う可能性が生じた場合には、役員等はその時点で、利益相反等の特段の支障がない限り、その概要等を会社に対して事前に連絡する旨を規定することも考えられる。また、役員等への法的請求について、会社側が正当な理由により会社自身においても対応等を検討する必要

---

[52]　米国での会社補償契約では、さらに確認的に、「被補償者は、費用等の前払いを受けるに際して、適用ある役員誠実行為要件（すなわち、当該役員が、誠実にかつ会社の最善の利益となる又はそれに反しないと当該役員が合理的に信じた方法で行為した（加えて、刑事手続に関しては、当該役員の行為が違法であると信じるべき相当な理由を有しなかった）と認められること）を満たす必要はない」と規定されている例も多い。

がある場合に、役員等側が必要な協力等を行う旨を規定することも考えられる。

8　会社と役員等の両者が同一事案で提訴・法的請求を受けている場合に、会社がその解決のために一括してその防御を行い争訟費用等を負担することは、会社補償契約制度の範囲外で行うことができる（前記［実務上の視点⑧］参照）。また、役員等のみが提訴されている事案でも、会社が訴訟参加したり、役員等が合意した弁護士とともに役員等の防御活動等を承継する場合も考えられる。こうした場合における争訟費用等の取扱いの調整規定を置くことも考えられる。

9　会社補償を受けた取締役と会社補償を行った取締役は、遅滞なく取締役会に当該会社補償についての重要事実を報告する義務がある（会社法430条の2第4項）。

　　争訟費用等は、役員等に悪意又は重大な過失が認められる場合であっても会社補償が認められる一方、役員等が自己若しくは第三者の不正な利益を図り、又は当該株式会社に損害を加える目的で職務を執行したことを会社が知った場合には、当該会社は、会社補償した金額に相当する金銭の返還請求を行うことができる（会社法430条の2第3項）。重要な点において役員等から虚偽の説明があった場合等を含め、争訟費用等について一定の返還義務規定を置くことが考えられる。

10　会社補償とD&O保険との関係について言及しておくことも考えられる。会社補償契約とD&O保険契約の填補対象との関係は様々であり（国によってもD&O保険契約の内容は異なる）、自社が加入しているD&O保険契約の内容を踏まえて、会社補償の具体的な方針を検討する必要がある。会社補償契約に基づく会社補償の対象となる争訟費用等がD&O保険でも填補対象とされている場合には、自社のD&O保険における規定ぶりを踏まえ、二重払いとならないアレンジを行うこととなる。

　　また、会社が加入するD&O保険との関係での役員側の一定の協力義務を規定することも考えられる。

二　損害賠償金等に係る損失に関する会社補償

1　「損害賠償金等」についても、義務的補償とする場合にはその旨を規定する。「損害賠償金等」とは、被補償者が、役員等としての職務の執行に関し、第三者に生じた損害を賠償する責任を負う場合における、①当該損害を被補償者が賠償することにより生ずる損失、及び②当該損害の賠償に関する紛争について当事者間に和解が成立した場合における、被補償者が当該和解に基づく金銭を支払うことにより生ずる損失である。

2　「損害賠償金等」に該当する和解金については、和解に至った背景事情や和解内容が様々であることから、会社による会社補償を見越した安易な和解を誘発しないことや適正な利益相反管理措置をとるといった観点等も踏まえ、①会社側[53]の事前同意を必要とする（この場合には、仮に義務的補償の建付けを採っていたとしても、当該和解金が会社補償の対象となるためには会社側の同意を要するため、会社が同意をするか否かの判断を通じて会社補償の対象とするか否かを判断することになる点で、実質的には義務的補償とはいえないことになる）、②裁判手続又はそれに準ずる公的手続において行われるものに限定するなど、一定の歯止めを設けておくことが考えられる。

3　役員等が納付しなければならない罰金や課徴金は、罰金や課徴金を定めている各規定の趣旨を損なう可能性があるため、会社補償の対象とはならない旨を明記しておくこととなろう。なお、特別法の規定に基づく損害賠償責任[54]に係る損失についても、これらと同様、各規定の趣旨を損なうかどうかという観点から会社補償の対象となるかどうかを慎重に検討する必要がある[55]。

---

[53]　①の場合に会社側で同意を行う担当取締役が被補償者でもある事案の場合には、異なる担当取締役等を指定しておくことが考えられる。利益相反解消のため、会社補償委員会を設置してその判断によるとすることも考えられる。

[54]　たとえば、分配可能額を超えた分配に関する責任（会社法462条）や金融商品取引法上の短期売買利益の返還義務（金融商品取引法164条）等が考えられる。これらを会社補償の対象とするのか否かについて、会社補償契約で明確にしておいたほうが（補償判断時点での不明確性を防ぐ意味から）望ましいのだろう。

[55]　以上につき、中間試案補足説明34頁参照。

4　①会社が当該損害を賠償するとすれば当該被補償者が会社に対して会社法 423 条 1 項の責任を負う場合における、当該責任に係る部分の損失、及び②当該被補償者がその職務を行うにつき悪意又は重大な過失があったことにより責任を負う場合における、当該損害を当該被補償者が賠償することにより生ずる損失の全部は、会社補償の対象から除外することとなる。なお、②の重過失か否かについて、当該損害賠償等を命じた判決等では明示されないことがあり得るが、たとえば法律専門家の意見を適正に聞いた上で行われた会社補償であれば、当該会社補償を現に行った関係役員等に善管注意義務違反等が問われることはあまり考えられないであろう。

5　会社補償対象事由の時期に関する事項（前記一 6）や会社補償請求手続に関する点は、争訟費用等の会社補償における留意点の箇所参照。

　　会社補償請求を行う可能性が生じた場合には、利益相反等の特段の支障がない限り、役員等はその概要等を会社に対して事前に連絡する旨を規定するなどの点も、争訟費用等の会社補償契約と同様である。なお、損害軽減に向けた役員等側の努力義務（best efforts）を規定することも考えられる。

　　会社補償を行った範囲内で、会社が役員等の求償権について役員等に代位する規定を置くことも考えられる。また、第三者のためにする契約（民法 537 条）に該当しない旨の規定を置くことも考えられる。

6　その他、契約上の一般条項（契約期間や解除条項等、準拠法・管轄、情報取扱い等）の規定も置かれることが通常であろう。

別紙 1

（参考）欧米の会社補償制度の状況

　欧米では従前から会社補償について一定の枠組みが整備されている。日本企業についても、優秀な役員人材を確保するため、役員就任環境における欧米とのイコール・フッティングは重要となる。欧米の状況は国・地域ごとに異なるが、以下では会社補償について議論が最も活発な米国[56]の状況について説明する。

1　米国では多くの州において、会社補償を行うことが明示的に認められている。

　デラウェア州会社法（Delaware General Corporation Law。以下「**DGCL**」という）145 条や多くの州が採択している Model Business Corporation Act 8.50-8.59 条等においても、会社補償に関する規定が置かれている。その上で、会社補償に関する付属定款（bylaws）規定が置かれたり、役員が会社との間で会社補償契約（以下「**米国会社補償契約**」という）を締結することが多い。具体的な付属定款規定を置いたり米国会社補償契約を締結したりすることによって、会社が事後的裁量によって支払いを拒否する余地を減らし、役員が確実に会社補償を受けられる仕組みが整備されている状況にある。

2　DGCL 上の会社補償に関する規定では、付属定款、契約又は株主若しくは利害関係のない取締役の投票等により別途与えられる会社補償を否定するものではないとされており（DGCL145 条(f)項）、公序等による制約に服する[57]ものの、補償範囲の拡大等が認められると解されている。実務上も、

---

[56]　英国では、会社法（Companies Act 2006）234 条（適格対第三者補償規定 / Qualifying third party indemnity provision）、235 条（適格年金スキーム補償規定 / Qualifying pension scheme indemnity provision）の場合に、会社補償が認められる。また、会社による争訟費用等の前払いに類似した効果を生じさせるものとして、会社による役員への金銭の貸付けの規定が置かれている（英国会社法 205 条）。

[57]　いかなる補償の拡大も可能というわけではなく、DGCL145 条で許容される範囲内であることが求められる。

役員保護の観点から確実かつスムーズに役員に対する会社補償が実施されるように、米国会社補償契約において、各種立証責任の転換（役員側ではなく会社側が立証責任を負う等）等様々な工夫がなされている。

3　DGCL では、役員の地位を理由とする訴訟その他の手続（会社による又は会社の権利における訴訟を除く）に関連して役員が現実的かつ合理的に負担した、①損害賠償金・和解金及び罰金並びに②弁護士費用を含む費用[58]について、当該役員が誠実に（in good faith）かつ会社の最善の利益となる又はそれに反しないと当該役員が合理的に信じた方法で行為した（加えて、刑事手続に関しては、当該役員の行為が違法であると信じるべき相当な理由を有しなかった）と認められる場合（以下「**役員誠実行為要件**」という）に限り、補償が可能である（DGCL145 条(a)項）。

4　ただし、注意すべきは、役員誠実行為要件は、判決、和解、有罪判決、又は不抗争の答弁等により訴訟その他の手続が終結したとしても、そのことをもって要件を充たしていないと推定されるものではないとされていることである（DGCL145 条(a)項）。すなわち、有罪答弁をしたことをもって、会社補償を行うこと自体が否定されるものではないと解されている[59]。

　米国会社補償契約においても、一般に、役員誠実行為要件は充足しているものと推定する規定が置かれており、これを会社側が覆す立証責任を尽くさない限り、役員は補償を受けることができる状況にある。

5　役員誠実行為要件を充足している場合に会社補償が「許容される」（**任意的補償**）のではなく「義務づけられる」（**義務的補償**）と規定される米国会社補償契約も多く、DGCL よりも役員をより保護した会社補償実務となっている。

　すなわち、米国会社補償契約では、一般に、①補償請求者が訴訟等の当事者であった／である／となるおそれがあること、②補償請求者が会社の取締役、役員、従業員又は代理人（以下「**取締役等**」という）である／で

---

[58]　損害賠償金・和解金とは異なり、費用については、会社による訴訟に関連して負担したものであっても、補償の範囲に含まれ得る（DGCL145 条(b)項）。

[59]　Maiss v. Bally Gaming International, 1996 U.S. Dist. LEXIS 18926 (E.D. La. Dec. 12, 1996)。

あった事実又はその会社の要求により他の会社等の取締役等として服務している／していた事実を理由としていること（by reason of)[60]の要件を満たした上で、③補償請求者が当該訴訟等に関連して現実的かつ合理的に費用等を負担した場合には、裁判においていわゆる“bad faith”に基づくものであった旨が認定されていない限り、役員誠実行為要件の充足が推定され、会社側が役員誠実行為要件を満たしていないと反証できない限り、役員は会社補償を受ける権利があるという建付けとなっている。

6　役員誠実行為要件の充足を個別事案において判定するに当たっては、DGCL は以下の①から④のいずれかの手続（以下「**米国補償決定手続**」という）による必要があると規定している（DGCL145 条(d)項）。

① 　訴訟その他の手続の当事者ではない取締役の過半数（定足数を下回ってもよい）による決定

② 　①の取締役のうち、その過半数（定足数を下回ってもよい）で指名された取締役で構成された委員会による決定

③ 　（①の取締役がいない又は①の取締役がその旨指示した場合）独立法務顧問の意見書による決定

④ 　株主による決定

①ないし④の米国補償決定手続のうち、いずれの手続を採用するのかについても、一般に米国会社補償契約で明記される。ただ、④が採用されることはほとんどない状況にある（時間・コスト・手続的負担が重く、迅速に会社補償を受けたい役員の保護に反するためである）。

前記4のように役員誠実行為要件が推定される旨の規定や、後記8のように一定の期間内に米国補償決定手続を実施しない場合には補償することが適正である旨決定されたものとみなす旨の規定が米国会社補償契約上置かれていることが多い。そのため、役員誠実行為要件の推定が働き会社が

---

[60] by reason of の要件は訴訟その他の手続と役員の権限との間に条件関係（“but-for” connection）があるというだけでは充足せず、因果的関連性（nexus or causal connection）が認められることに基づき役員に対して提起された損害賠償請求等がこの要件を充足すると解されている。by reason of の要件の解釈についてはいくつか裁判例がある。

当該推定に対して反証しない場合は、（補償することが適正であることについても会社に異論がないと考えられるため）米国補償決定手続の個別の判断を経ることなく役員が補償を受けられることになり、会社側が当該推定に対して反証しようとする場合においてのみ、上記の米国補償決定手続が現に実施されることとなる。

7　米国会社補償契約では、経営権の移転（いわゆる change in control）が生じた場合に備えた規定が置かれることが多い。

これは補償を現に受ける段階では経営陣が補償対象となる役員の就任時点とは異なっていることが多いことから、就任時に明確で適正な補償約定を行っておかないと補償を受けられない懸念が役員側にあるためである。

経営権の移転が生じた場合に備えた米国補償決定手続としては、会社補償を求める役員が①訴訟その他の手続の当事者ではない取締役の過半数で決定すること等を明示的に要請しない限り、②独立法務顧問の意見書により決定することが多い。

8　訴訟その他の手続が最終的に確定した後は、会社は、実務上可及的速やかに補償すべきか否かの判断をする必要がある。

米国会社補償契約では、会社が一定の期間内（たとえば、役員による会社補償の申請書受領後 30 日以内等）に米国補償決定手続を実施しない場合には、補償することが適正である旨決定されたものとみなすとの規定が置かれることが多い。こうしたみなし規定があることによって、役員側からすると、米国補償決定手続が引き延ばされることで会社補償を事実上受けられないという事態を避けることができる。会社側としても、補償することが適正であることに異論がないような事案については、米国補償決定手続の開催を省略することもできる。

9　訴訟その他の手続に関連する費用に対する補償は、損害賠償金に対する補償よりもさらに広範に行われている。

(1)　第一に、当該役員が訴訟その他の手続において勝訴した場合には、その勝訴の限度で、その勝訴に関連して現実的かつ合理的に負担した弁護士費用を含む費用の補償が義務づけられている（DGCL145 条(c)項）。

(2)　第二に、当該役員が訴訟その他の手続において勝訴した場合でなくて も、現実には訴訟その他の手続に関連して現実的かつ合理的に負担した 弁護士費用を含む費用を会社が事実上、義務的に補償している状況にあ る。

　　これらの費用の大半は、現実には前払いで支払われる。DGCL では、 補償を受ける権利を有しないと判断された場合には返還する旨の確約書 （undertaking）を差し入れることを条件として、訴訟その他の手続にお ける防御のための費用について[61] 会社が訴訟手続終結前に補償すること が許容されている（DGCL145 条(e)項）。そして、現実の米国会社補償契 約では、一般に、防御のための費用の前払いは任意的補償ではなく義務 的補償として規定されている。

　　その上で、最終的に訴訟において勝訴した場合でなくても、 undertaking が履行されて防御のための費用の償還を役員から受ける場 合は、現実には極めて限定されている。前記4のとおり、米国会社補償 契約においては一般に、役員誠実行為要件は充足しているものと推定す る規定が置かれている結果、前記6の米国補償決定手続を会社側が要請 した上で、役員誠実行為要件を満たしていない旨を立証できない限り、 会社は undertaking の履行を役員に求められないことになるからであ る。

10　会社による又は会社の権利における訴訟において防御又は和解に関連し て現実的にかつ合理的に負担した費用についても、衡平法裁判所又はその 訴訟が提起された裁判所が、申立てにより、有責の判決にもかかわらずそ の事件の全ての状況に鑑み、当該役員が補償を受ける権利を公正かつ合理 的に有すると判断した場合には、衡平法裁判所又は当該他の裁判所が適正 と認める限度で補償が可能である（DGCL145 条(b)項）[62]。

[61]　DGCL145 条(e)項は in defending と規定している。
[62]　米国では、株主（及びその代理人弁護士）から会社や役員に対する濫訴防止のため、「原告が 勝訴しなかった場合の被告側弁護士費用等を、原告株主側に負担させる付属定款条項を定める こと」の当否が議論となっているほどである。関連する論稿として、たとえば熊代拓馬「被告 側弁護士費用を敗訴原告へ移転させる付属定款規定の無効」商事法務 2250 号 56 頁。

凡例

法務省パブコメ回答	法務省「会社法の改正に伴う法務省関係政令及び会社法施行規則等の改正に関する意見募集の結果について」(2020 年 11 月 24 日)
中間試案補足説明	法務省民事局参事官室「会社法制（企業統治等関係）の見直しに関する中間試案の補足説明」(2018 年 2 月)
第 18 回議事録	法制審議会会社法制（企業統治等関係）部会第 18 回議事録
一問一答	竹林俊憲編著『一問一答　令和元年改正会社法』(商事法務、2020 年)
会社法コンメンタール	落合誠一編『会社法コンメンタール 8 － 機関(2)』(商事法務、2009 年)
江頭	江頭憲治郎『株式会社法［第 8 版］』(有斐閣、2021 年)
竹林ほか座談会	竹林俊憲ほか「座談会 令和元年改正会社法の考え方」別冊商事法務 454 号 79 頁
神田ほか座談会	神田秀樹ほか「座談会『会社法制（企業統治等関係）の見直しに関する要綱』の検討」ソフトロー研究 29 号（2019 年 8 月）21 頁
後藤	後藤元「会社補償・D&O 保険」「法の支配」199 号 69 頁
田中	田中亘「令和元年改正会社法の意義と概要」東京株式懇話会会報第 833 号 2 頁
邉	邉英基『会社補償　Q&A とモデル契約』(商事法務、2021 年)
太田＝野澤	太田洋＝野澤大和編著『令和元年　会社法改正と実務対応』(商事法務、2021 年)
山越	山越誠司「会社補償と D&O 保険の発展の方向性」商事法務 2261 号 40 頁

会社補償の実務に関する研究会（会社補償実務研究会） 委員名簿
（令和 4 年時点）

（委　員）学習院大学大学院法務研究科教授 神田 秀樹
　　　　　野村ホールディングス株式会社ジェネラル・カウンセル兼コンプ
　　　　　ライアンス担当執行役員 森 貴子
　　　　　野村ホールディングス株式会社グループ法務部文書課長エグゼク
　　　　　ティブ・ディレクター 原口 亮
　　　　　野村ホールディングス株式会社 グループ法務部文書課ヴァイス・
　　　　　プレジデント 太田 誠路
　　　　　日本経済団体連合会経済基盤本部 幕内 浩
　　　　　日本経済団体連合会経済基盤本部 高橋 友樹
　　　　　西村あさひ法律事務所弁護士　　　武井 一浩
　　　　　西村あさひ法律事務所弁護士　　　中山 龍太郎
　　　　　西村あさひ法律事務所弁護士　　　森田 多恵子
　　　　　西村あさひ法律事務所弁護士　　　松本 絢子
　　　　　筑波大学ビジネスサイエンス系准教授 山中 利晃
（事務局）西村あさひ法律事務所弁護士　　　田端 公美
　　　　　西村あさひ法律事務所弁護士　　　西原 彰美
　　　　　西村あさひ法律事務所弁護士　　　水谷 勇斗

第2章

「会社補償実務指針案」の解説

 本指針案策定の背景

　会社補償の実務に関する研究会（会社補償実務研究会[1]）は、2021年10月15日、会社補償実務指針案（以下本章において「**本指針案**」という）の改訂を行った。本指針案は、経済産業省の「コーポレート・ガバナンス・システムの在り方に関する研究会」による2015年7月24日付報告書別紙3「法的論点に関する解釈指針」（以下「**会社法解釈指針**」という）[2]において、当時の会社法の下で会社補償が認められる旨が述べられたことを踏まえて、2017年に策定されていた。その後2019（令和元）年会社法改正において会社補償契約制度が正面から規定されるに至ったことから[3]、このたび、**本指針案**を改訂した次第である。

　会社補償契約制度については導入間もないことから十分な議論等がまだ進んでいない面もあるところ、会社補償の果たす機能等の重要性に鑑み、実務

---

(1) 会社補償実務研究会は、神田秀樹学習院大学大学院法務研究科教授を座長とし、研究者、企業（野村ホールディングス）、経済団体（日本経済団体連合会）および弁護士（西村あさひ法律事務所）をメンバーとして構成される。委員名簿は第1章参照。

(2) https://www.meti.go.jp/policy/economy/keiei_innovation/keizaihousei/pdf/r160318_150724_corp_gov_sys_4.pdf

(3) 会社法解釈指針が言及していた会社補償は、会社と役員等とが補償契約を締結することを前提にしていたところ、2019年会社法改正で会社補償契約制度が正面から規定されたため、会社法解釈指針が規定していた各種要件も2019年会社法改正により上書きされたものと考えられる（たとえば、社外取締役全員の同意等は補償契約締結の手続における要件ではなくなったなど）。

的観点から本指針案を取りまとめている。本指針案が、企業が会社補償契約
制度を円滑かつ前向きに活用する環境整備の一助となれば幸いである。

　本指針案では、会社補償契約制度の実務的活用の観点から、①10 項目の
「実務上の視点」というコラムを設ける、②第二部として「会社補償契約に
おける実務上の留意点」の項を設ける、③欧米との比較論の観点から別紙1
で米国の状況を概観するなどしている。本稿では紙面の都合上、このうちの
いくつかの項目について触れることとし、詳細は本指針案の全文[4]をご参照
いただきたい。

　本指針案は、会社補償契約制度が実務現場で円滑に活用されるよう、これ
まであまり議論がなされていなかったものを含めさまざまな事項に言及して
いる[5]。会社補償契約制度をめぐる諸論点について各種議論等の一つの契機
となり、日本において会社補償が今後さらに健全かつ積極的に活用されてい
くことを期待している。

2　会社補償契約制度の実務的重要性

　会社補償の重要性は、現下の経営環境において、より高まっている。

　会社の持続的成長と中長期的な企業価値向上を図る、いわゆる攻めのガバ
ナンスの強化に向けた環境整備が進展する中、会社補償は、会社損害の拡大
や役員等の過度なリスク回避を予防し、優秀な人材の確保にもつながるな
ど、会社の利益に資する面がある。役員等が職務の執行に関し訴訟等で責任
追及を受けた場合に、当該役員等が適切な防御活動を行えるよう会社におい
て当該防御活動のための費用（役員等が、その職務の執行に関し、法令の規定
に違反したことが疑われ、または責任の追及に係る請求を受けたことに対処する
ために支出する費用（会社法 430 条の 2 第 1 項 1 号参照）。以下「争訟費用等」と

---

(4)　第 1 章。商事法務ポータル（https://www.shojihomu-portal.jp/article?articleId=16435386）に
　　おいて公表されている。
(5)　当然のことながら、本指針案の整理が公的見解や唯一の正解であるなどとする趣旨ではなく、
　　一つの考え方を示すものである。

いう）を負担することは、当該会社の損害の拡大の防止にもつながる。役員等がその職務の執行に関し、法令の規定に違反したことが疑われ、または責任の追及に係る請求を受けた場合に、防御活動のために必要十分な争訟費用等をかけられず、適切な防御を行わないことがかえって会社の損害を拡大させてしまう場合がある。争訟費用等は、時系列的に、役員等がその職務の執行に関し、法令の規定に違反したことが疑われ、または責任の追及に係る請求を受けた当初段階（すなわち役員等の責任の有無が判断される前の段階）から生じるため、当初段階から会社が確実かつ適正に争訟費用等を補償することにより役員等の十分な防御活動をサポートすることが、会社の利益に照らしても重要となる。

　また、争訟費用等の前払いを広く認めることで、役員等の個人的資力の状況にかかわらず、当初段階から十分な防御活動を行うことが可能となる。個人責任リスクがある事業活動に関して過度にリスク回避的な判断を行わないように、事前（ex ante）に明確な会社補償契約を約定しておくことで、役員等の過度なリスク回避を予防する効果も重要である。

　さらには、会社の中長期的な価値を高めるためには、国内外に広く優秀な人材を求めることが重要であるところ、役員等として巨額の請求を受ける不安を抱えることが、優秀な人材が役員等への就任を躊躇する一因となる。昨今、企業統治の議論等では、多様性やスキル・マトリックスの一要素として、役員等の国際性が例示されることが増えてきている。米国等においては役員等に過失がある場合でも一定の範囲で会社補償が認められているのに対して、日本において役員等に過失がある場合を会社補償の対象外とすることは、海外から役員等を招聘する際の障害ともなり得る。

　2019 年改正会社法で会社補償契約制度が導入されたことによって、事前の補償契約の締結が一般的プラクティスになっていくものと考えられる。会社補償契約制度を利用することによって、会社が現に補償を実行する際の補償費用の範囲や善管注意義務に関する疑義・不明確性等の実務上の懸念がなく、また、役員等の側にとっても予見可能性と法的安定性が高いものになるといえる。

　D&O 保険が幅広く利用されているのと同様、会社補償も、役員等の争訟費用等の確保等の観点で実効性のある制度であって、積極的に利用されるべきである[6]。D&O 保険との比較の観点では、会社補償には、保険支払手続を待たずに即時に争訟費用等を支給できること（たとえば、争訟費用等の前払補償[7]については、会社への補償請求のほうが第三者である D&O 保険の保険者への保険金請求より迅速に実施しやすい）、D&O 保険でカバーされない範囲を補償できる場合があること等の点で、D&O 保険にはない有用性がある。会社補償と D&O 保険とは車の両輪として機能する（詳細は本指針案 [**実務上の視点⑩**] 参照）。

 取締役会関連

1　会社補償契約の内容の決定

　株式会社は、役員等に対して、争訟費用等または損害賠償金等の全部または一部を当該株式会社が補償することを約する契約（会社補償契約）の内容の決定をするには、株主総会（取締役会設置会社にあっては、取締役会）の決議によらなければならない（会社法 430 条の 2 第 1 項）。利益相反取引に関する規定（同法 356 条 1 項、365 条 2 項等）および自己契約に関する規定（民法 108 条）は適用されない（会社法 430 条の 2 第 6 項・7 項）。

　会社法上、「役員等」との会社補償契約の内容の決定に取締役会決議を要するので、監査役と締結される会社補償契約の内容の決定も取締役会決議事項である。これは監査役の報酬の決定が取締役会決議事項ではないのとは異なる。

　これに関し、会社補償契約の相手方である各取締役は当該取締役会決議について「特別の利害関係」（会社法 369 条 2 項）を有しているという議論があ

---

[6]　山越誠司「会社補償と D&O 保険の発展の方向性 – 両制度の関係性の検証を前提として」商事法務 2261 号（2021）42 頁参照。

[7]　前払いは、被補償者を代理して当該費用の請求書を会社が直接受領して支払う方法や、被補償者に対して当該費用を支払うに足りる金員を事前に交付する方法などが考えられる。

る。たとえば、取締役が15名いる場合、15名全員と統一的内容⁽⁸⁾で締結される会社補償契約の内容を決定する際に、各相手方を外した15個の議案の決議をとるという最も保守的な方法も考えられるが、かかる方法はあまりに迂遠で非効率である。全取締役だけでなく全監査役にも共通する統一的内容の会社補償契約とする場合も多いと考えられ、同じ内容の会社補償契約を締結するのに（取締役の）人数分の決議を重ねて行うことには、実質的にも合理性がない。

　（実際に取締役の人数分の回数の付議と決議を繰り返すのではなく）一回の取締役会決議で会社補償契約の内容を決定する方法としては、たとえば、会社補償契約の内容の決定に係る議案の付議時に「これから各役員等と締結する各会社補償契約の内容の決定を一括（一回）で決議するが、かかる一括決議は、各会社補償契約について各契約当事者である取締役は特別の利害関係を有する取締役として議決から除外されているという前提で行う。かかる付議方法で異議がないか」を確認した上で、一括（一回）で決議を行う（法的には15個の議案の決議がとられている）ことが考えられる（詳細は本指針案 **[実務上の視点②]** 参照）。

　また、たとえばX年に任期1年の取締役Aと有効期間1年の会社補償契約を締結している場合であっても、「会社補償契約は、Aが役員等に在任中は、一方当事者から異議が出されない限り、自動的に更新されるものとする」と定められており、X＋1年のAの再任に当たって自動更新されるときは、当該会社補償契約の内容に変更がない限り、毎年の取締役会で必ず決議し直すまでの必要はないと考えられる。X＋1年に新たに就任した役員等Bとの間の会社補償契約に関しては、X+1年にBについて新たに取締役会決議を行うことが考えられる（詳細は本指針案 **[実務上の視点②]** 参照）。

---

(8)　ここでいう統一的内容とは、①各役員について契約内容が同一である場合だけでなく、②（役員報酬における役職ごとに固定報酬額が異なる報酬テーブルと同様）役職ごとに補償上限が異なる補償テーブルが定められている場合なども含めた、ひな型のような統一的内容である場合を指している。

2 会社補償の実行

　会社補償を実行すること自体の決定については、会社補償契約においていわゆる義務的補償を約定するなど、取締役会決議によることを要しないとすることが認められる。個別具体的な事象が生じた段階で会社補償の是非をあらためて取締役会に付議することとすると、被補償者である役員等の側からみれば、会社補償の要件を満たす場合でも会社補償を受けられる確証がなく（たとえば、事後的に経営権が変動することも生じ得る）、会社補償が十分な担保にならない場合があるためである。

　一定の損害賠償金等について、義務的補償ではなく任意的補償にする会社もあるかもしれない。任意的補償とする場合には、会社補償額の多寡等を踏まえて、たとえば監査役会設置会社において「重要な業務執行」の決定に該当する場合には取締役会決議事項とすることが考えられる（会社法362条4項。なお、監査等委員会設置会社および指名委員会等設置会社については、399条の13第4項・5項、416条1項1号・4項参照）。

　取締役会設置会社において、会社補償契約制度に基づいて会社補償をした取締役および当該会社補償を受けた取締役は、遅滞なく、当該補償についての重要な事実を取締役会に報告しなければならない（会社法430条の2第4項）。会社補償に関する重要な事実の取締役会への報告義務は、利益相反取引に関する報告義務と同様の趣旨であると解されることから、利益相反取引における実務と同様の取扱い[9]とすることが考えられる。争訟費用等については、たとえば、弁護士費用が毎月請求され、毎月支払い（会社補償）が行われる場合がある。こうした場合において、毎月の取締役会で報告を行うことまでは必要なく、対象事案の進捗状況等に鑑み節目ごとなど、一定の合理的期間ごとに報告を行うことでも、取締役会への遅滞なき報告義務は果たされていると考えられる。また、一定の目安となる金額を（1年間等の）一定期間について設けた上で、当該額を超えない限り、報告頻度を（年に1回等

---

(9)　利益相反取引の報告義務について、たとえば落合誠一編『会社法コンメンタール8－機関(2)』（商事法務、2009）241頁〔北村雅史〕参照。

の）当該一定期間ごととすることも合理的であると考えられる（詳細は本指針案［**実務上の視点③**］参照）。

 争訟費用等の会社補償

1　通常要する費用の額

争訟費用等については、通常要する費用の額を超える部分は会社補償の対象とならない（会社法430条の2第2項1号）ほか、当該費用を補償した会社が、当該役員等が自己もしくは第三者の不正な利益を図り、または当該株式会社に損害を加える目的で職務を執行したことを知ったときは、当該役員等に対し、会社補償した金額に相当する金銭の返還を請求することができる（同条3項）。

費用補償における「通常要する費用の額」は、（条文上も明確に書き分けられているとおり）「相当と認められる」費用の額（会社法852条1項）と同義ではない。「通常要する費用の額」は、事案の内容その他の諸般の事情を総合的に勘案して客観的に必要とされる額を意味すると考えられる。「相当と認められる」費用の額は、裁判例等からすると、現に要した費用に比して、相当低額になる場合もあるが、会社補償契約制度においてこうした低額の費用額しか「通常要する費用の額」に該当しないと解することは、会社補償契約制度の機能・趣旨を没却することとなり、適切ではない。

2　義務的補償とする合理性

争訟費用等の会社補償について、会社補償契約制度の趣旨に照らして、義務的補償とすることが合理的な場合が多いと考えられる。任意的補償では、役員等の立場からすると会社補償がされる確証が何らないばかりか、補償をする会社側としても法的責任を伴い得る難しい判断が必要となる。また、米国では経営権の交代を契機に旧役員を提訴することが頻発し、その過程で新経営陣が会社補償規則を撤廃する事案も生じたことを受け、訴訟原因となった役員等の行為時点で存在している会社補償・費用前払いの権利は事後的に

削除・修正できないことが明確にされている。こうした事象は日本でも起こり得ることである。

　なお、どのような場合を会社補償の対象とするのかについては、法定の範囲内で各社が検討することとなるが、義務的補償か任意的補償かにかかわらず、補償対象・範囲の明確性（補償を現に行う際に判断に迷う事態を避けたいという要請）も、実務上の一つの重要な考慮要素となる。

5 損害賠償金等の会社補償

　本指針案では、役員等が、その職務の執行に関し、第三者に生じた損害を賠償する責任を負う場合における、①当該損害を当該役員等が賠償することにより生ずる損失、および②当該損害の賠償に関する紛争について当事者間に和解が成立したときの当該役員等が当該和解に基づく金銭を支払うことにより生ずる損失（会社法430条の2第1項2号参照）を総称して「損害賠償金等」と定義している。

　損害賠償金等については、①会社が損害を賠償するとすれば役員等が会社に対して会社法423条1項の責任を負う場合[10]における当該責任に係る部分の損失、および②当該役員等がその職務を行うにつき悪意または重大な過失[11]があった場合における損失の全部は会社補償の対象とならない（同法430条の2第2項2号・3号）。同法429条の損害賠償責任に係る損失は、①②を除いて、会社補償契約制度によって補償することができる（詳細は本指針案［**実務上の視点⑤**］参照）。なお後記**6.2**および**7**も参照されたい。

---

[10]　会社法423条1項の責任とは別に役員等の責任について定める規定が個別にいくつかあるが、そうした事項について会社補償の対象にするのか否か、会社補償契約において明確にしておいたほうが実務的にはよいのだろう。

[11]　会社法429条の重過失との関連が論点となっているが、会社補償における重過失の意味については、その性格・機能等に照らすと、同法425条〜427条の重過失の意義に照らして解釈することが相当ではないかとも考えられる。

6 事業報告等における開示

1　事業報告等における開示

事業年度の末日において公開会社である株式会社は、以下の事項を事業報告で開示する必要がある。①取締役等（取締役、監査役、執行役）と会社補償契約を締結しているときは、会社補償契約の当事者となっている取締役等の氏名（会社法施行規則121条3号の2イ）。②当該会社補償契約の内容の概要。当該会社補償契約によって取締役等の職務の執行の適正性が損なわれないようにするための措置を講じているときは当該措置の内容（同号ロ）。③会社補償契約に基づいて取締役等（当該事業年度の前事業年度の末日までに退任した者を含む。以下、本③および後記④において同じ）に対して争訟費用等を会社補償した株式会社が、当該事業年度において、当該取締役が当該職務の執行に関し法令に違反したことまたは責任を負うことを知ったときは、その旨（同条3号の3）。④当該事業年度において、会社補償契約に基づいて取締役等に対して損害賠償金等を会社補償したときは、その旨および会社補償した金額（同条3号の4）[12]。

また、役員等選任候補者との間で会社補償契約を締結しているときまたは締結する予定があるときには、当該会社補償契約の内容の概要を、役員等の選任議案に係る株主総会参考書類に記載する必要がある（会社法施行規則74条1項5号等）。

事業報告で開示対象となるのは、会社補償契約制度に基づく会社補償だけである。民法に基づく補償など会社補償契約制度の射程外の補償は対象外である（後記7参照）。

2　和解金に係る損失の会社補償と開示義務

現在、一般的に行われている各種の和解において会社等が行っている和解

⑿　②〜④の各事項は、有価証券報告書の記載事項でもある（企業内容等の開示に関する内閣府令第二号様式記載上の注意(54)・第三号様式記載上の注意(35)）。

金の支払いについて、すべからく会社補償契約制度による開示義務の対象に
なるとすると、円滑な和解・紛争解決が阻害される懸念が生じ得るが、その
ような弊害を惹起させることは会社補償契約制度の企図するものではないと
考えられる。この点は、会社法改正が議論された法制審議会でも明示に問題
提起され、たとえば、会社と役員等がともに紛争の当事者になっている場合
に、解決金として会社から金銭が支払われる場合と会社補償とでは場面が異
なるという議論がなされている[13]。

　第一に、会社補償契約制度が射程にしているのは、「役員等が、その職務
の執行に関し、第三者に生じた損害を賠償する責任を負う場合における」損
失である（会社法430条の２第１項２号）。社会における多くの和解は役員等
が損害賠償責任を負うことを認めるものではない[14]ことから、この要件にそ
もそも該当しない場合が多いと考えられる。

　第二に、会社補償契約制度が想定しているのは、役員等が「その職務の執
行に関し、第三者に生じた損害を賠償する責任を負う場合」において、役員
等が和解金を支払うことにより生じる損失を、会社が補償するケースであ
る。会社と役員等の両者が同一事案で第三者から提訴や法的請求を受けた場
合で、第三者との紛争を解決する目的等の経営判断で会社が支払義務者とし
て一括して和解金を支払うことは、会社補償契約制度の射程外である（会社
補償契約に基づく会社補償が行われているわけではない）と考えられる[15]。当該
和解金の支払いは、会社補償契約に基づく義務として取締役の損害賠償責任
に係る損失を会社が会社補償したものではなく、会社補償契約制度の射程外

---

(13)　法制審議会会社法制（企業統治等関係）部会第18回議事録10 ～ 11頁［小林俊明委員発言］
　　参照。
(14)　こうした和解の場合、役員等が対会社との間で観念すべき内部負担割合も存在しない場合が多
　　いと考えられる。
(15)　神田秀樹ほか「〈座談会〉『会社法制（企業統治等関係）の見直しに関する要綱』の検討」ソフ
　　トロー研究29号（2019）84頁［神田秀樹発言］、法制審部会第18回議事録・前掲（注13）11
　　頁［竹林俊憲幹事発言］参照。遠英基『会社補償 Q&A とモデル契約』（商事法務、2021）63
　　頁（Q50）や太田洋＝野澤大和編著『令和元年会社法改正と実務対応』（商事法務、2021）237
　　頁［太田洋］等の議論もある。

であるともいえる。

以上の点からすると、企業が会社補償契約制度を導入することで、これまで通常行われてきた和解による紛争解決が損なわれるわけではないと考えられる（詳細は本指針案 ［**実務上の視点⑥**］ 参照）。

7　会社補償契約制度とその周辺

1　民法の規定に基づく費用補償

会社補償契約制度による会社補償契約が締結されていない場合でも、民法の委任契約の規律に基づく補償（会社法 330 条および民法 650 条）を行うこと自体は否定されないと解されている[16]。民法は、「受任者は、委任事務を処理するのに必要と認められる費用を支出したときは、委任者に対し、その費用……の償還を請求することができる」（同法 650 条 1 項）と規定している。また、「委任事務を処理するについて費用を要するときは、委任者は、受任者の請求により、その前払をしなければならない」（同法 649 条）と費用の前払規定を置いている。つまり、委任事務処理のための「費用」については、職務執行における「必要性」が認められる場合には、事前の補償契約が締結されていなくても、役員等は会社に補償（前払いを含む）を求めることができると規定している。これは「委任は委任者のためにその事務を処理する契約であるが、そのため受任者に損害を生ぜしめないことを要する」という委任の趣旨によるものと考えられている[17]。

民法は 650 条 3 項において、「受任者は、委任事務を処理するため自己に過失なく損害を受けたときは、委任者に対し、その賠償を請求することができる」と規定している。役員等が職務執行のため過失なく受けた損害等につ

---

[16]　法務省民事局参事官室「会社法制（企業統治等関係）の見直しに関する中間試案の補足説明」（2018 年 2 月）32 頁、神田秀樹ほか「〈座談会〉令和元年改正会社法の考え方」別冊・商事法務 454 号（2020）99 頁以下など参照。

[17]　幾代通 = 広中俊雄編『新版注釈民法 16―債権(7)』（有斐閣、1989）269 頁［明石三郎］参照。事務処理の過程で受任者に生じる不利益等を填補する委任者の責任といえる（山本豊編『新注釈民法 14―債権(7)』（有斐閣、2018）308 頁［一木孝之］参照）。

いては、会社補償契約が締結されていなくても、会社法330条・民法650条の規定に基づいて、役員等が会社から補償を受けることは否定されないと解されている[18]。

　役員等に過失がない場合[19]の争訟費用等について、会社法330条・民法650条3項の規定に従い、会社は支払義務を負うと考えられる[20]。このような支払いは、会社と役員等との間の委任契約に特段の定めがなくても民法の規定が補充的に適用され、会社補償契約制度によらないで行うことが認められる。

　また、「損害賠償金等」のうち役員等が負担した和解金について、役員等が「過失なく損害を受けたとき」（民法650条3項）に該当する場合も同様である。

2　監査役等の費用償還請求権

　監査役・監査等委員・監査委員については、会社法の規定に基づいた費用償還請求権が存在している（同法388条等）。これも、会社補償契約がなくても、費用償還を受けることができる類型である（むしろ、個別の会社補償契約によって制限できない費用償還である）。この場合、監査役等の職務執行上の費用について、職務執行に必要でないことを会社が証明しない限り、会社は費用の前払請求や償還請求等を拒むことができないと規定されている。

---

(18)　竹林俊憲『一問一答 令和元年改正会社法』(商事法務、2020) 107頁。
(19)　役員等に何らかの過失がある場合に、役員等の争訟費用等がおよそ民法等の規律に従い補償できないのかは解釈論となる。役員等の職務執行の一部分に過失があったからといって、当該職務執行に関連した争訟における役員等の争訟費用等の全体が「委任事務を処理するのに必要と認められる費用」等におよそ該当し得ないことになると一概には結論づけられないと考えられるが、いずれにしても個別具体的な事実関係次第の解釈論となる。
(20)　会社法解釈指針注20、落合・前掲（注9）153頁［田中亘］など。なお、会社補償契約制度の趣旨に鑑み、補償対象は通常要する費用の額と考えておくことが適切であろう。

3　会社補償契約制度と民法に基づく補償との関係

⑴　考え方の1つの整理

　会社法における会社補償契約制度は、会社補償契約に基づく会社補償が認められない範囲を明確にしている。民法に基づく補償の場合には（民法の補償の規定は任意規定であることから）当事者間の契約自由の原則が働くものと考えられるものの、他方で、会社法上の会社補償契約制度の趣旨に明白に反する補償は民法に基づく補償としても許容されないと解されるものがあり得る。

　いかなる範囲で会社法上の規律が及ぶのかは、解釈論に委ねられている。民法の委任契約に関する規律を超えた上積み的な補償を会社が役員等に対して行う場合には、会社と役員等との間で何らかの会社補償契約が存在していると考えられる。たとえば、軽過失の役員等が損害賠償金を支払った場合に会社がその損失を補償すること[21]は、民法の補償規定は無過失で受けた損害だけを補償対象として規定していることから、任意規定である民法の規定を修正する特約を行い、上積みの会社補償を行っていることになる。こうした上積みの会社補償がある場合には、会社法が民法の特別法であることに照らして会社補償契約制度の規律に服さなければ行えないとする考え方があり得る。以下では**図表**の各場合に分けて検討する（詳細は本指針案**[実務上の視点⑦]**参照）。

［図表］　会社補償契約制度と民法に基づく補償との関係

	会社補償契約に基づく補償	会社補償契約に基づかない補償
民法規定からの上積み補償あり	A　会社補償契約制度の規律に服する	D　あり得る（民法に基づく補償の特約など）
民法規定のとおり	C　会社補償契約制度の規律に服する	B　民法に基づく補償

（出所）本指針案［実務上の視点⑦］

---

[21]　たとえば、竹林・前掲（注18）118頁は、従業員の業務上の事故等に関し、従業員の適正な労働条件の確保について取締役に軽過失での不法行為責任（民法709条）が認められる場合、取締役が賠償した損害賠償額について会社補償を行うことは可能であるとしている。

(2)　Aの領域

　図表のAの「会社補償契約制度の規律に服する」の意味は、次のとおりである。たとえば、損害賠償金等について役員等に軽過失がある場合に補償することは、民法の補償規定から上積みをする会社補償を約したことに該当する可能性がある。その場合、会社補償契約制度の規律に服し、会社法が定める手続規制や情報開示規制等に服することとなる。役員等に重過失がある場合の損害賠償金等の補償については、会社補償契約制度が重過失の場合の損害賠償金等の会社補償を否定している。この点について、会社法が民法の特別法として規律を行っていると考えると、重過失の場合に会社補償する会社補償契約をあらかじめ締結することは認められないことになる。

(3)　Bの領域

　図表のBについては、民法の委任の規律に基づく補償であり、会社補償契約制度の規律外（射程外）であると考えられる[22]。Bの補償は、民法の委任（契約）の規律に基づく補償であり、補償についての特段の新たな約定・契約があって行われるものではないと整理される。

　ただし、Bの民法の委任の規律に基づく補償の場合、役員等に軽過失がある場合の損害は補償されない（同法650条3項参照）。争訟費用等についても、役員等に過失があることが判決等で明確になった場合に、民法の委任に基づく補償が可能なのかは実務的にも疑義が生じる。他方、AやCなど会社補償契約制度に基づく補償を行う場合は、役員等側は争訟費用等の会社補償を受けられることとなる。

---

[22]　神田ほか・前掲（注16）100頁［竹林俊憲発言］では、改正会社法の会社補償契約制度によらないで、たとえば会社法330条・民法650条に基づき補償する場合、あるいは契約を結ばないで補償する場合については、必ずしも会社補償契約制度が要請する開示義務等は及ばないと説明されている。なお、図表のBの補償を役員と約して行うことも、委任の規定の下での費用償還等に関する契約として認められると考えられる（神田ほか・前掲（注16）100頁［神田秀樹発言］）。

⑷ Cの領域

　図表のCについては、民法が定めている補償と同内容の補償であっても、当該補償が会社と役員との間で事前に締結された会社補償契約に基づいて行うこととした場合、民法の特別法としての会社法の規律（すなわち会社補償契約制度の規律）が及ぶのではないかと考えられる[23]。

⑸ Dの領域（通常の費用精算規程がある費用など）

　図表のDについては、これまで民法の補償の特約として取り扱ってきた項目の中には、会社補償契約制度の射程外で行われるものもあり得ると考えられる。

　たとえば、役員等の出張規程で、一定以上の役員等は航空機の利用に当たりビジネスクラスやファーストクラスの利用を可能とする（あるいは従業員よりも高いグレード・価格の宿泊施設の利用も可能とする）などの取扱いがあることが多い。かかる出張規程の取扱いを、たとえば役員等が海外での防御活動等のために出張する際にもそのまま適用することがあり得る。こうした出張規程の適用による費用負担[24]が委任事務の処理に「必要」なのかどうかは微妙な場合もあり得、その場合には民法の委任規定から上積みで支払われていることもあると解されるが、他方で、会社補償契約の規律に服さないとおよそ支払いができないとまで考える合理性にも乏しい。会社補償契約制度が規定する争訟費用等には弁護士費用以外の費用項目も概念的に含まれているところ、弁護士費用以外の費目については、Dの世界でこれまでどおり支払うことができるものもあり得ると考えられる。

⑹ 会社法上の規律

　会社法で規定される公開会社の事業報告における会社補償に関する開示の

---

[23] 図表のBやDの民法の委任の規律に基づく補償の世界を明確に残しておきたい実務上の要請があるのであれば、締結される会社補償契約においてその旨（BやDの民法の委任の規律による補償は、当該会社補償契約の射程外である旨）を確認的に規定しておくことも考えられる。

[24] これらの類型は、会社が直接購入・費用負担して進められることが一般的には多いと思われるが、役員等が先に購入・費用負担して会社に支払いを求める場合もあり得る。

射程は、会社補償契約制度に基づいて行われた会社補償に限定されている[25]。

　なお、民法に基づく補償について、それが「株式会社の会社役員に関する重要な事項」（会社法施行規則 121 条 11 号）として事業報告における開示対象となるのかは、ケースバイケースの判断となる。これは 2019 年会社法改正以前から存在していた事柄であり、会社補償契約制度の導入前に特に開示対象とされずに適法に行われてきた態様の民法に基づく補償（図表の B や D の世界）についてまで、新たに開示対象になるものではないと考えられる。

4　会社と役員等の両者が責任追及の請求等を受けた場合の争訟費用等

　会社補償契約制度が想定しているのは、前記のとおり、<u>役員等</u>が争訟費用等（役員等の職務の執行に関し、法令の規定に違反したことが疑われ、または責任追及に係る請求を受けたことに対処するために支出する費用）を支払うことにより生じる損失を、会社が会社補償するケースである。同一事由で会社と<u>役員等の両者</u>が提訴・法的請求を受けている場合に、会社が一括してその防御活動を行い（両者に責任がない方向での防御活動であることが通常である）その争訟費用等を負担することは、会社補償契約制度の射程外である（会社補償契約に基づく会社補償が行われているわけではない）と考えられる。

　たとえば、同一事案をもとに第三者から会社と役員等の両者が法的請求や提訴等を受けた場合に、会社と役員等の双方について同一の弁護士 P を会社がリテインする（その前提として、会社と役員等との間に実質的な利益相反がないと判断できる）ケースは、実務的にもよくある。こうしたケースにおいて会社が P の弁護士費用を一括で支払う（役員等には負担させない）ことも、①会社がその事業運営に伴って発生する費用を負担していること、②会社補償契約に基づく義務として役員等に費用補償をしているものではないこと、③会社と役員等との間に利益相反関係がない[26]（そのため同一弁護士の P が受

---

[25]　神田ほか・前掲（注16）100 頁［竹林発言］。学界における議論として、たとえば神田ほか・前掲（注15）86 頁［藤田友敬発言］。

[26]　特に、会社も役員等もともに責任を否定する方向で対応している場合、利益相反関係がない。会社補償契約制度は、会社補償が会社と取締役との利益相反取引に該当することを前提に、一

任することに問題がない）ことなどから、会社補償契約制度の射程外である
（会社補償契約に基づく会社補償が行われているわけではない）ことが多いと考
えられる（詳細は本指針案 **[実務上の視点⑧]** 参照）。

5　報酬／雇用契約等

会社補償の外側の世界として、たとえば、報酬の上乗せや相当額の金銭貸
付けなどの方法もあり得る。報酬については会社法の報酬規制（同法361条
等）がかかり、役員等への金銭貸付けについては、同法の利益相反取引の手
続（同法356条1項2号、365条1項）を経る必要がある場合があり得るとし
ても、会社補償の外の世界である。

刑事事件における保釈保証金は、会社法上の会社補償契約制度の下での会
社補償の対象外であると解されているが、会社法上の利益相反取引の手続を
経た上で役員等に対して相当額の金銭貸付けを行うことは、会社補償契約制
度の規律に反することなく可能（会社補償契約制度の射程外）であると考えら
れる[27]。

雇用契約に基づく被用者への補償についても会社補償契約制度の射程外で
ある[28]。

同様に、執行役員は、会社法上の「役員等」に該当しないことから、その

定の要件の下で利益相反取引規制の適用を排除しているところ、そもそも会社と取締役との間
に利益相反性がない態様においては、会社補償契約制度の規律の前提を欠いている。

[27] 竹林・前掲（注18）116頁参照。

[28] なお、雇用契約に関連して、近時、最高裁判所にて、被用者が使用者の事業の執行について第
三者に損害を加え、その損害を賠償した場合には、被用者は、使用者の事業の性格、規模、施
設の状況、被用者の業務の内容、労働条件、勤務態度、加害行為の態様、加害行為の予防また
は損失の分散についての使用者の配慮の程度その他諸般の事情に照らし、損害の公平な分担と
いう見地から相当と認められる額について、使用者に対して求償することができるとする判断
が示されている（最判令和2年2月28日民集74巻2号106頁）。この最高裁判例は、被用者
から使用者に対する逆求償が認められることを明確にした判例である。「不法行為等に基づく
損害は、本来、不法行為を行った被用者が全額賠償すべきであって、使用者（会社）には負担
部分はなく逆求償は認められない」という伝統的見解を否定した面がある。舟橋伸行「被用者
が使用者の事業の執行について第三者に加えた損害を賠償した場合における被用者の使用者に
対する求償の可否」ジュリスト1553号（2021）89頁参照。

者との補償契約は会社補償契約制度の射程外である（詳細は本指針案 **［実務上の視点⑨］** 参照）。

第3章

令和元年会社法改正を踏まえた
会社補償実務指針案の改訂と
実務上の諸論点

一　今回の会社補償実務指針案改訂の背景

1　会社補償実務指針案改訂の背景

　森田　まず、会社補償実務指針案（以下本章において「実務指針」という。）の策定及び改訂の背景をご紹介します。2015年に経済産業省における「コーポレート・ガバナンス・システムの在り方に関する研究会」報告書の別紙3「法的論点に関する解釈指針」が策定され、その中で会社補償について様々な法的・実務上の論点が整理されたことを受け、2017年に実務指針が策定されました。

　その後、令和元年改正会社法において、どのような手続のもと、どのような場面において会社補償ができるのかが条文上も明確化されるに至りました。そこで今回、神田先生に加え実務に携わる皆さまにお集まり頂きまして、実務指針を改訂いたしました。

　この実務指針は、会社法の公的な見解ではございませんが、会社補償が円滑かつ前向きに活用されるための環境整備の一助となるよう、皆さまと議論した内容を基に改訂されております。実務指針に示された解釈を踏まえて、各社が安心して会社補償契約制度を活用できるようにすることが狙いでござ

います。

　武井　2015 年に経済産業省の「コーポレート・ガバナンス・システムの在り方に関する研究会」報告書の別紙 3「法的論点に関する解釈指針」が策定された際、特に欧米では会社補償が一般的に整備されている一方、日本では法解釈が明確ではありませんでした。そこで、当時の会社法上、どのような解釈ができるか議論が行われ、当該解釈指針を取りまとめ、会社補償に関する様々な取扱いの明確化が図られました。

　今般、会社法においても正面から会社補償が規定されるに至りました。この意義は大変大きくて、色々な意味で明確性も生まれましたし、会社補償に関する種々の考え方についての議論の活性化にもなりました。

　前回策定した実務指針は、経産省による上記解釈指針をベースに作ったものですが、今回の実務指針は令和元年改正会社法で正面から規定された会社補償制度を踏まえたものとして作っていますので、前回の実務指針を幅広い範囲で上書きしていると考えております。他方で、会社補償は、英語でいうと Indemnification だと思いますが、日本語で「補償」と表現すると、その概念がやや分かりづらいところです。日本語のボキャブラリーの少なさもあるかもしれませんが、会社法改正前にそれほど深く長い議論があったわけでもなく、企業側も会社補償契約に関してまだ少し理解が追いついていないと言いましょうか、まだ馴染みがない状態の中で、日本企業の企業価値の向上及び役員の方の就任環境の整備という観点から大変重要だと思われる会社補償について今回正面から制度化されています。会社補償に関して企業側が迷うことなく中身を正確に理解し、かつ、きちんと意義深く前向きにこの制度を活用されるための環境整備の一環として、今回、実務指針を改訂しています。

　それでは、神田先生からも一言お願いできますでしょうか。

　神田　ありがとうございます。今の武井先生のお話にまったく賛成でして、過不足なく仰って頂いたので特段付け加えることもないのですが、令和元年会社法改正の際の法制審議会会社法制（企業統治等関係）部会での議論等において、経済界はこの会社補償と D&O 保険の規定を設けることに対し

て一貫して消極的な姿勢だったように感じます。その理由は必ずしもはっきりしないのですが、会社補償制度について言えば、今まさにお話が出たように馴染みがないということが一番にあると思うのですが、明文の規律がない中でも従前実務で対応してきたのだからあえて立法することは不要ではないかとの意見でした。私としては、会社補償の規定を取り入れた方がよいと言ってきたつもりなのですが、このような経緯等もあり、法制審議会の部会ではあまり細かなところまでは審議されていません。令和元年改正会社法が施行され、様々な解釈問題も出てきており、当時の部会の記録を見ても手がかりとなるようなものがあまりないというか、直接議論されていないことが少なくないという状況があるように感じます。

2　会社補償契約制度の重要性・有益性を実務が認識して活用することに向けた指針である

武井　ありがとうございます。実際に、諸外国で一般に条文化されている制度について、日本の会社法に明文規定がないのは色々な意味で座りが悪いといいますか、あまり前に進まない面があります。5-6 年ほど前は、会社補償について、何か悪いことをした人を会社が助ける制度ですか、といった誤解が初期の反応でしたが、攻めのガバナンスの観点を含めてきちんと稼ぐ力を確保することや、役員の方に日本企業の中で力を発揮して頂くという観点から、或いは国際比較という意味でも、会社補償の議論は大変重要だと思います。制度が現実よりもやや一歩前に出ているといいますか、メッセージ性を持って進めている話なので、こうした啓蒙活動は不断にこれからも続けていき、解釈論や立法論を含め、議論が加速していくと良いと思います。まずは、現状の中で会社補償の重要性をきちんと企業の方々に理解して頂いて、会社補償制度なるものを真に前向きに活用して頂ければと強く思います。少なくとも、色々なものがよく分からないから会社補償自体の導入をやめておこうという対応は企業として避けた方が良く、会社法の条文も設けられたため使い勝手が良くなっているということを伝えたほうが良い、実務家として

会社補償制度の意義を企業側に適切に伝える責務があるように感じております。

　神田　先ほど法制審議会の話をしたのですが、会社法だけに限らず、法制審議会の部会で議論する前に商事法務研究会に研究会を設置してそこで下準備の議論を行うというのが民事系の立法の慣例になっています。令和元年改正会社法の際にも、商事法務研究会に会社法研究会が設置され、そこで一通り議論し、報告書が公表されています。このテーマだけでなく全てのテーマについて、一通り議論が行われました。ただ、その時も会社補償については実務家の関心があまりなかったために、内容について詰めた議論はしておらず、ただこういうものも取り上げましょうという方向での議論をしたように感じます。

　武井　ありがとうございます。そういう意味でも、実務において会社法上の利益相反取引規制や抽象的な法律の一般的なルールの当てはめでやっているような世界を、もう少しきちんと明確にしましょうという意味も今回の会社法改正では含まれていたと思います。立法化によって会社補償自体に対する認知度が広がったというのは大変意義深いことだと思います。

二　会社補償の重要性・必要性

1　会社補償の重要性・必要性

　森田　次に、会社補償の重要性・必要性についてご説明します。そもそも会社補償の必要性については、会社補償がないと役員が訴えられた時に十分な防御活動ができないというよりは、会社補償により適切な防御活動を可能にすることによって、ひいては会社に対する reputation damage を含めた損害を軽減することや、あるいは役員自身が訴えられることをおそれて積極的な意思決定ができなくなるような事態を軽減するというところがあります。また、欧米では国内外から優秀な人材を招聘するにあたっての環境整備という意味で会社補償が有用であると言われております。欧米とのイコールフッ

ティング等について、松本先生からご説明頂けますか。

　松本　ありがとうございます。現在、役員の方々は、守りだけではなくて攻めのガバナンスという観点からも様々な重責を担っています。企業の成長・発展のためによりチャレンジングな経営判断にも踏み込んだかたちで職務を行って頂きたい一方で、それによりさらなる責任追及リスクを抱えているという状況です。やはりチャレンジングな判断をしていくにあたっては、役員に対する責任追及等を過度におそれることなく踏み込んだ判断をして頂ける環境が重要というところもありますので、そこはきちんと会社として役員を守っていかなければならないということだと思います。

　また、グローバルな人材を招聘していくことは、優秀な人材を確保して会社の経営をグローバルに行っていくという観点で非常に重要なポイントとなってきます。欧米でD&O保険とセットで一般に準備されている会社補償を日本でもきちんと整備していかなければ、やはり欧米に見劣りして優秀な人材を招聘できなくなるのではないかというところです。

　このような欧米とのイコールフッティングの観点から、会社補償契約についてもD&O保険と同様に日本でもきちんと締結できる体制を整備することは非常に重要です。

　D&O保険とセットという点に関連し、D&O保険だけでは不十分なのかという点は、企業の方も関心が高いところかと思います。D&O保険と会社補償とは、車の両輪に例えられており、D&O保険は、会社が保険料を払って整備するものであり、保険料がかかるという点や、保険独自の免責事由がある関係で、どうしても柔軟な設計が難しいという点もございます。これに対して、会社補償契約は、会社法上一定の制約はあるものの、支払限度額の上限や免責事由について比較的柔軟に対応できると言えます。特に防御費用については、タイムリーに役員に提供することが非常に重要になってきますが、会社補償では、D&O保険のように保険金の支払手続を踏むことなく、会社で整備した手続に則って柔軟にスピーディに対応することができます。そのため、D&O保険と会社補償契約はどちらも有用ということだと思いますので、両方整備していくことが、会社にとって役員を守っていく観点から

は重要になってくると思います。

　武井　少し補足します。まず1点目として、グローバル化という観点はとても重要です。今回のコーポレートガバナンス・コードの改訂でも、多様性の要素の一つに外国人が入っておりますが、グローバルな人材かつ日本企業以外の他の企業において役員等として活躍されている方からすると、日本企業だけ欧米企業と違って、役員就任環境の点で異なる状況にあるというのは、そのこと自体が色々な意味でマイナスの要素となり得ます。他の欧米企業が一般的にD&O保険と会社補償を車の両輪で採用・活用しているときに、日本だけ「会社補償なる概念がよく分かりません」という状態ですと、そのこと自体の不透明さにより、有用な人材が日本企業で力を発揮することへの障害になってしまうという面があります。昨今、会社補償の重要性はより高まっているように思います。

　2点目として、会社側と役員側の事情を分けて議論しなくてはならず、就任する役員個人の事情からすると、「会社補償とD&O保険の両方が会社法に整備されているのに、なぜ両方ないのですか」ということになります。日本の役員の方は優しいので、D&O保険だけでもまあ良いですよという感じでこの点をあまり問わずに就任されている例がまだ多いわけです。この辺りは、欧米企業と比べて役員の方がなぜそのような我慢をされているのだろうと思う面もありますので、それを含めて会社補償というものが正面から制度化されて、関心が高まるというのは重要だと思います。

2　今回の会社法改正はフォワードルッキングな重要な改正である

　武井　3点目が、前回の実務指針の際も議論しましたが、グローバルな企業活動を行う中で、海外の国で何らかの訴訟等に巻き込まれるという事態が現実に起きています。例えば、海外で競争法違反を疑われたときに、各国の司法制度は様々であり、司法取引を行う国もある中で、役員の方がきちんと防御してくれないことには最終的には会社利益が損なわれるような事態になりかねないという状況が深刻にあるということです。これは、日本の司法制

度とは違う前提での司法制度が多くある中で、本当に企業集団の健全な利益を守ろうと思う場合は、会社補償なるものは相当な合理性がある建付けです。日本の中だけで見て、いる／いらないの判断をするということではなく、本当にグローバルに企業が企業価値を高めていくのであれば、グローバルな経営環境といったものを踏まえた対応もしていかなければならない。そういう意味で、会社補償制度が会社法で入ったことは、フォワードルッキングと言いますか、実務の後追いではなく、日本企業がグローバルに真に成長して頂くための環境を、会社法が本当にそれは必要なんですよ、というメッセージを発するかたちで行った重要な改正でないかと思っています。

3　イコールフッティングの意義

神田　欧米とのイコールフッティングに関して、役員の就任環境という言葉を使われましたけれども、これは役員にとってのリスクというレベルでの指摘だと思います。

すなわち、会社法を含めて法制度は国によって違いがありますので、日本の会社法とアメリカの会社法は違うわけでして、必ずしも法制度が同一ではないため、イコールフッティングと直ちにはいかないように思えるかもしれません。しかし、どちらの会社法でも、あるいは日本の会社でも外国の競争法等外国の法律の適用がある場合もあるわけですし、いずれにしても役員に就任すれば義務や責任を負うわけであり、職務を執行していくにあたってはやはりリスクがあるわけです。そのため、そういうリスクがあるために就任を躊躇するということが少なくとも抽象的には生じ得るので、そのようなことがないようにするというレベルでのイコールフッティングだと思います。外国の会社にはそういうことがないとは言いませんけれども、少なくとも外国の会社では indemnification（会社補償）ありという条件で就任できるのに、日本ではできないという状態であることは問題だと思います。

もう1点、「就任環境」という意味は、就任時の環境だけでなくて、就任後も重要だということを強調しておきたいと思います。つまり、役員になっ

た後も職務遂行する中でリスクはあるわけです。そのためリスクをとり、その結果として、万が一訴えられたとしても防御費用等を補償してもらえるということは、就任時に引き受けるかどうかに関係するだけではなくて、就任後も重要だと思います。

4　D&O 保険との車の両輪

神田　D&O 保険との関係は、松本先生が仰ったことに尽きていると思いますが、やはり両者は範囲が多少違うわけです。仮に範囲が全く同じだったとしても、松本先生が仰ったとおりタイミングの問題があって、D&O 保険により払われるとしてもしばらく時間がかかるのに対し、会社補償はすぐ払ってもらえることになります。特に費用については、このタイミングの話が非常に大きいと思います。範囲が違えばもちろん D&O 保険ではカバーできない部分についての indemnify があるということですし、仮に範囲が重なっていて保険もおりるという場合でも、手続的な理由ですぐには支払われない場面はいくらでもある。その場合には、やはり先に払ってもらえることの意味は大きいと思います。

　また、実務的には、両者の調整の規定をどう置くかという論点がありますね。例えば、保険で支払われるのであればまず保険金を受け取ってもらうという規定を補償契約の方に書いておくのか。言うまでもないことですけれども、補償された後から保険がおりた場合にはその分は返還してもらうなど、やや抽象的な例ですけれども、この辺りは実務的な話としてあります。

松本　他の保険契約との関係の規定はどの保険約款にも入っておりますが、特に海外の D&O 保険ですと他の保険契約が払うことができる場合にはそれを超えた分しか払わないという規定になっていることも多いです。これは、海外の保険商品では、同じような、会社法の用語でいうと役員の賠償責任に関する契約というものが色々と存在するため、おそらくそれらの調整規定として、D&O 保険約款は最後の砦のようなかたちで位置付けられているのでしょう。「明らかにこれを超える部分しか払いません」と規定されてい

る以外は他の保険で先に填補されるという建付けになっております。

　一方、日本では、同範囲をカバーする他の保険商品というのは海外に比べて少なく、環境関連等一部はあると思いますが、「他の保険で払われたらその超えた分を払う、他で払われていなければこの保険契約で払えるものを払う」という建付けになっていると思います。

　そのため、保険でカバーされる範囲に応じて、おそらく会社補償契約で設けるべき調整規定というのも変わってくるものと思っております。保険約款がどちらでも選べる形になっているのであれば、先に保険から支払を受ける旨の規定をおくこともできますし、保険が払われた分については会社補償は行わないという形にすることもできると考えられます。

　役員にとってはどちらかを選べる形にしておくのがより良いように思いますので、個人的には、補償契約には、保険金が支払われた場合は、その分は二重に補償されないという規定に留めるのが無難であるように思っております。

　武井　ただ、その場合も両者が睨めっこしてどちらも払ってくれないという事態は避けなければいけないと思います。

　松本　そうですね。そのような状態にならないようにきちんと規定を置いておく必要があり、他で補填されたら控除しますという形だったらご指摘の事態には陥らないと思います。

　神田　前提として、保険金を誰が受け取るかの場合分けをしないといけないのですけれども、例えば、取締役が受け取れるという保険だと分かりやすいので、その例を前提にお話しします。会社補償契約には、「保険で支払われるのであれば先に保険を請求する。それで足りない分は会社補償をする。」と規定したとします。ただ、先ほどお話しがあったように、保険は受け取れるが時間がかかるというときには、先に会社が補償することに意味があることになるため、それを認めるのであれば、事後的に保険金を受け取ったら返還してもらうことも規定することになると思います。規定ぶりとしてそのような書き方がよいのか、それとも、そのような規定を設けるとしても保険契約との間で調整が必要となるのでしょうか。

松本　保険約款上は、Other Insurance Policy 等と書いてあるのですが、これに補償契約があたるかは微妙な気がいたします。以前、D&O 保険実務研究会[1]で、特に外資系保険会社の D&O 保険実務に詳しい、オリックス株式会社の山越誠司さんと議論させて頂いた際、「他の保険」の中に補償契約も読み込んで、補償契約で支払われる場合には保険金は支払わないという実務上の取扱いとなっているのではないかというお話しをされていたと認識しています。

武井　山越誠司「会社補償と D&O 保険の発展の方向性―両制度の関係性の検証を前提として―」（商事法務 2261 号、2021 年）42 頁には、役員が会社に補償請求して 30 日経過して払ってもらえなかったときには、役員は保険金を受け取れるという米国の保険約款の例が紹介されています。保険会社に先に請求せよという対応は少し冷たい気がしますので、払えない場合は別として、両方支払えるのであればやはり会社補償が先に払うというのが筋かと思います。

松本　そうですね。少なくともアメリカではそういう実務になっているとのことで、会社補償契約も当然先に会社が補償することを想定した形になっています。

武井　保険の支払限度額を先に使わせることが役員のメリットになるわけではありませんし、この限度額は他の役員と取り合いになりますしね。

松本　はい。支払限度額は取り合いになるということに加え、会社にとっても頻繁に保険請求されると保険金が次のクールで上がるかもしれないということがあります。請求金額にもよるとは思いますが、会社としても、会社補償で先に対応することにインセンティブはあると思っていたところです。

森田　国内の D&O 保険約款等でも、まず会社が会社補償をして、補償された額を除いた部分について保険でカバーするというアレンジメントをされている例もあると認識しています。その場合は、まず会社補償をした後に、会社補償でカバーできない部分が保険で支払われるということかと思いま

---

[1]　D&O 保険実務研究会『成長戦略と企業法制　D&O 保険の先端 1』（商事法務、2017 年）。

す。

　松本　D&O保険には、役員を被保険者とするサイドA、会社が会社補償した分を填補するサイドB、証券訴訟に対応するサイドCがありますが、サイドBで会社が会社補償した分について別途請求するということですね。

　森田　そうですね。

　武井　日本でもD&O保険に関しても競争原理が働き、色々なD&O保険商品が出てきているかと思います。そのような中、会社補償制度についても、改正会社法が施行されてからの状況を改めて1年後等に精査してみると、今のようなD&O保険と会社補償との関係についても日本の実態が分かってくるのではないかと思いますし、その後も実態を継続的に確認していった方が良いと思います。

三　令和元年会社法改正で創設された会社補償契約制度の手続

1　会社補償契約制度の法定手続の概要

　森田　次は、会社法で創設された会社補償契約制度の手続の概要を簡単にお話しします。

　会社法上の会社補償契約制度は、役員等が、その職務の執行に関し、法令の規定に違反したことが疑われ、又は責任の追及に係る請求を受けたことに対処するために支出する費用（いわゆる防御費用、争訟費用等）と、職務の執行に関し、第三者に生じた損害を賠償する責任を負う場合における損失（賠償金又は和解金）について会社補償契約制度の対象にしています。そして、そのような争訟費用等や損害賠償金等について補償することを会社が約する契約の内容を決定するには、取締役会設置会社では取締役会決議によらなければならないと規定されております（会社法430条の2第1項）。

　2015年に経済産業省から「法的論点に関する解釈指針」において考え方が整理されたときは、(1) 利益相反取引にかかる取締役会決議に加え、(2-1) 社外取締役が過半数である任意の委員会の同意、又は (2-2) 社外取締役全

員の同意が要件とされていたところですが、これらの手続は会社法では補償の要件ではないということになっています。

2　会社補償契約導入時の取締役会決議の取得方法

森田　手続面で悩ましいのが、会社補償契約制度を導入するときの取締役会決議です。

　まず、会社補償契約を締結する相手方となる個々の取締役がその決議について特別利害関係があって、議決に参加することができないのではないかという論点があります。D&O 保険契約の内容の決定との関係でも論点となりますが、全取締役が共通の利害関係を有する場合は特別利害関係には当たらないという議論がある一方で、個々の補償契約を締結する取締役が特別利害関係人になるため取締役一人一人について個別に決議を取らなければならないなどの議論も見られるところです。

　この点について、今回の改訂版実務指針では、[**実務上の視点②**]で、例えば取締役が 15 名いる場合に、決議のときは、自分を除いた人の分について議決に加わり、自分の分は議決から除外されているという前提で行うということについて取締役全員の総意を得て、実際の決議自体は 1 回で行うことが考えられるのではないかという考え方を示しているところです。なお、監査役も会社補償契約の対象になり得るのですが、監査役の場合は、特別利害関係人にはならないので、自分との補償契約について審議に加わらないといった問題は生じないということになります。

　導入時の取締役会決議についてもう 1 つ論点になり得るのは、今年の取締役会決議の時には役員に選任されていない将来の取締役との会社補償契約の内容について、今年一括して決議できるのか、選任された年にもう一度決議を行うのかという点です。この点に関し、[**実務上の視点②**]では、本文で、選任された年に取締役決議を行うことが考えられると示していますが、脚注では、今年行う補償契約と同じような統一的内容の補償契約を結ぶことが想定されているのであれば、今年の取締役会決議で将来分も合わせて承認が得

られていると解することも可能ではないかという考え方を示しています。

　最後に、会社法は、会社補償契約の内容の決定について取締役会決議が必要としていますが、補償を実際実行するときも取締役会決議が必要とはしていません。

　この点、補償契約の内容次第で、実際に補償を実行するときにも取締役会決議を行うと設計することはもちろん可能ですが、そうすると、特に防御費用等の補償をタイムリーに行うことが難しくなります。また、役員にとっても、実際に補償を受ける際に取締役会で承認されるかどうか分からず、補償を受けられるかどうかが不確定な状態になります。そのため、補償の実行時に改めて取締役会決議を求めず、基本的には補償契約の定めに基づき義務的に補償するということになるかと思います。例えば損害賠償金や和解金等については、任意的補償、すなわち実際に補償を実行するときに取締役会決議をするというアレンジも考えられるように思われます。

　武井　会社補償契約の内容を決定する取締役会決議の採り方について、理論上は特別利害関係人の論点はありますが、例えば15人の取締役がいる場合に、実務的に15個の決議に対して毎回取締役が手を挙げなければならないとすることは合理的ではない面があります。この点に関し、D&O保険の場合は、1回の取締役会決議で対応しています。D&O保険は契約期間が1年で、1年毎に取締役会決議を行うため、D&O保険契約における取締役会決議の取り方と会社補償の場合との比較など、様々な議論があるところではあります。

　今回の実務指針では、依然としてやや保守的な捉え方なのかもしれませんが、一括で決議を取ることを最初に説明して一括の意味を明確にした上で、決議自体は15回観念されるという整理を行っています。このような見解を示した議論も公表されていますし、様々な議論がある中で、これが1つの現実的な線だと思っています。

　神田　私は今回の実務指針と同意見ですが、注意すべきことは、このような問題は、会社補償の場合だけではなく、これ以外の取締役会決議についても同様にあり得るものだということです。その意味では昔からある問題なの

です。

　報酬を決めるときに、株主総会で上限を決め、具体的な決定は取締役会に委任して、次に取締役会がまたそれを代表取締役に再委任するという伝統的な実務がありますが、仮に代表取締役に再一任しないで、取締役会で決めるとすると、自分の報酬分を決定する決議については特別利害関係ではないかという問題になります。また、代表取締役に再委任するとして、再一任する決議で、自分の分の報酬分の決定を代表取締役に再一任するという取締役会決議に加わってよいかということになります。

　伝統的には、取締役全員がある事項について特別利害関係になるときは、誰も議決権行使ができなくなるため、この場合は特別利害関係にはならないという見解が昭和40年代によく議論されたのですが、この見解は私にはその意味が少し分からないところです。実際に全員が特別利害関係人だったら決議ができないというのは確かにそうですが、だからといって全員が議決権を行使できるという結論になぜ繋がるというのか明らかではありません。

　更に、今回の例で言いますと、実務指針に記載のとおり、取締役会決議は、事実としては1回でよいのですが、ただ、法的には15個の承認があると整理します。つまり、ある取締役Aの分については、取締役B以下が承認しているということとなり、実務上は1回1回手続を繰り返す必要はないということになります。

　武井先生が挙げられた例ですと、確かに15回決議をするのは面倒ですが、15回は面倒だから特別利害関係人に当たらないというのは、ロジックとして理解できません。やはり特別利害関係に当たれば議決に加わることはできないはずです。面倒かどうかという問題は実務的に工夫すべきという問題であって、今回の実務指針のようにデファクトは1回でよく、法的には特別利害関係人は決議に加わっていないという整理の方が妥当であると思います。

　もう1点、D&O保険との違いについてです。D&O保険は、会社との契約自体は1本ですが、会社補償は会社と個々の役員等との契約ですから、取締役が15人いれば、契約が15本あるということになります。この点に関し、私は利害関係の一様性に差異があるのではないかと思います。

　先ほどの昭和40年代の議論ではないですが、もしすべての取締役が同程度の利害関係であり、かつ、全員が特別利害関係人である場合には、それは法の趣旨からして決議に参加してもよいのではないかという考え方はあり得ると思います。一方で、会社補償の場合は、全員同じ内容の契約であっても、業務執行者か否かや各役員の担当等にもよって、リスクの負い方が違う面があります。そのため補償契約の内容は同じでも補償を受ける可能性がより高い人と高くない人が類型的にいることになります。このように、人によりリスクに濃淡があるとすると、利害関係もやはり一様とは言えず、一人一人に利害関係があると考えるのが筋ではないかと思います。

　加えてD&O保険についても申し上げると、D&O保険も実は保険が下りるか否かという観点では、保険事故に該当するような行為を将来行う可能性という意味では必ずしも一様ではないという気がします。やや感覚的な言い方で恐縮ですが、D&O保険の方が会社補償よりは一様性が高いというか、共通の原因による保険事故ということがあり得ますので、D&O保険と会社補償とでは異なるように思うところです。そのため、あまり細かい議論をして線引きができるかどうかは分からないのですが、少なくとも会社補償については、特別利害関係人に当たらないという意見も成り立ち得るとは思うものの、実務指針のような考え方が安全で、あまりそこは緩めて考えないほうが会社法369条2項の特別利害関係人に関する一般的な議論に馴染むと思います。

　武井　ありがとうございます。実務指針は理論的な議論と実務とを架橋した現実的な選択肢を示しているかと思います。

　新任の役員との補償契約に関して、新任取締役として選任されたときに取締役会決議を取るので良いのではないかという指摘もあったため、実務指針では、新任取締役との補償契約については就任時に改めて決議を取るという形で整理しています（[**実務上の視点②**]の3）。この点も、考え方によっては、就任前になされた統一的な補償契約の内容を決定する決議でカバーされているという整理もあり得るのではないかという点を脚注に記載しています。これについては、両方の対応があると考えております。

　神田　この点について、再任される場合はどうなるのでしょうか。例えば社外取締役が社外取締役として再任される場合は、特段職務内容は変わらないので問題ないと思いますが、例えば常務だった取締役Ａが、取締役として再任された後CEO・社長となる場合はどうでしょうか。常務か社長かを決めるのは取締役会ですが、先ほどのリスクの色合いという意味では、常務か社長かで負うリスクも違うと思います。この場合は補償契約は結び直すのでしょうか。

　武井　ご指摘の場合は、補償契約を結び直さなくてもよいのではないかと考えています。職責の変更によって結び直すべきと整理すると、おそらく毎年取締役会決議を取るという結論になると思いますが、社内役員に関しては、補償契約の中身を大きく変えることはあまり想定されていないのではないかと思うからです。補償の留保額や自己負担額を個別に決めるという例も今のところあまりなく、自己負担額を決めるときでも、例えば常務が専務になり、専務が社長になっても、肩書に応じた自己負担額が予め定められているならば、基本的に［**実務上の視点②**］の３に記載されているように、自動更新条項付きで最初に取締役会決議を取っておけば、再任の際の決議は不要ではないかと考えています。

　神田　結論はそれでよいと思います。その理屈は、おそらく当初締結する際に、合理的な予想の範囲内といいますか、予測可能だからということが前提だと思います。社内で段々と常務が専務になって社長になるというのは想定され得るものだということだと思います。例えば取締役だった人が監査役になるという場合はどうなのでしょうか。この点は私が知る限りあまり文献等で論じられていないように思います。

　武井　そうですね。ただ取締役と監査役とでも、会社補償契約の内容は実際にはおそらくあまり変えない例が多いと思います。補償契約内容が同じで統一的であれば、実質的な差というのは、本当に会社補償の事態になるかどうかという点で、肩書きや役職だけの話でもないようにも思います。

　神田　それはそうですね。

　武井　そのため、このような考えで割り切ると、取締役会決議は取り直さ

なくても良いように思われます。

　神田　一定の場合には、決議を取り直すと言い始めると、今度は少しでも変わるたびに同じ人でも毎年決議を取るという事態にもなりかねないので、なかなか悩ましいですね。

　武井　「その差で取り直すんだったら、この差はどうなるのだ」という話が矢継ぎ早に出てくるかと思います。

　神田　そうですね。

　森田　巷で公表されている議論の中には、取締役の任期が満了して再任されたらそこで新しく補償契約を締結し直さなければならないのではないかという議論もあります。ただそれは厳しすぎるのではないかと思います。個人的には、取締役が監査役になるような場合を含めて、役員として再任される場合は、役員として自動更新条項を含んだ補償契約を締結しているのであれば、役員である間は補償することを含めて決議されていると考えられるのではないかと思っています。

　武井　予見可能性の観点から、補償契約において、例えば、監査役になった場合や非業務執行役員になった場合も適用する旨を規定しておくことも考えられます。

　森田　取締役に限定せず、「役員等」の補償契約という形で規定することも考えられます。

　神田　今の点は、私も結論は両先生に賛成で、役員等の中で立場が変わる分には、再任されてもその都度の決議はいらないということでよいと思います。他方で、巷で公表されている整理のように再任されたら全部取り直すというのも考え方としてあり得るのだとは思います。要するに、中間で線を引くことは難しいので、決議を取るのであれば、新しい任期毎に取るというのは一つの考え方です。

3　補償の実行と取締役会決議 / 報告

森田　次に、取締役会への報告についてです。会社補償契約制度に基づいて会社補償をした場合は、会社補償をした取締役と補償を受けた取締役は、遅滞なく当該補償についての重要な事実を取締役会に報告しなければならないとされています。この点に関し、実務指針の［**実務上の視点③**］で報告頻度について論じています。条文上は「遅滞なく」と規定されているものの、毎月弁護士費用を補償したら毎月取締役会に報告しなければならないのかというと、そこまで硬く考える必要はなく、一定の期間、例えば1年間といった期間をまとめて報告するということも合理的ではないかという考え方を示しています。会社法では、利益相反取引が行われた場合も同様に遅滞なく報告すると規定されているのですが（会社法365条2項）、実務上は定型的な取引について包括承認を取ったような場合は、1年分まとめて最後に報告するというような対応も行われていますので、これと同様に考えることができるのではないかということを示しています。

武井　実務指針では、少し保守的に対応するならば、例えば1年に1回報告するとするが、最初にいくら位までと額を示しておいて、額を超えたときには1年よりも前に報告することはあり得べしとしています。他方、その予測されている額の範囲内であれば、1年に1回等の報告で良いのではないか、そういったバリュエーションもあり得るのではないかという議論を示しています。

神田　先ほどの補償の実行について一言触れた上で今の点をコメントします。

補償契約に、「このときには必ず払う」と規定されている要件を満たした場合には、補償を実行する時点で取締役会の決議は不要であるという点は仰るとおりです。他方、そうでない場合、「払うことができる」と補償契約に書いてある場合において、実際に補償するときに常に取締役会決議がいるわけではないという点は確認しておきたいと思います。この場合、補償することが「重要な業務執行」に当たる場合には取締役会決議が必要、そうでない

場合は代表取締役の裁量で払えるという場合分けになると思いますので、抽象論ですが念のために申し上げておきます。

　武井　ありがとうございます。「重要な業務執行」の決定を取締役に委任することができる監査等委員会設置会社や指名委員会等設置会社であれば、取締役会で決議しなければならないという会社法上の規律はないということですね。

　神田　そうです。いずれにしても補償契約に係る条文は、補償を実行するときに取締役会決議がいるという条文とは違うということです。

　話を戻しまして、取締役会への報告については先ほどご説明いただいた整理でよいと思います。「遅滞なく」とは、一般的に３か月などと言われるのですが、利益相反取引について森田先生が述べられたように、包括承認といいますか、まとめて報告することについて承認を取れば、最大１年くらいまではよいと思います。武井先生が仰ったようにその間を場合分けするというのはもちろん望ましいことかもしれませんし、この辺りは会社の裁量に委ねられるのではないでしょうか。逆に言うと、１年何も報告しないというのはどうかなと思います。

　武井　なるほど。取締役の任期が１年という会社も多いですし。

　神田　そのとおりです。

四　争訟費用等の補償

1　「職務の執行に関し」の概念

　森田　次に、争訟費用等だけではなく損害賠償金等についても会社補償の要件となっている「職務の執行に関し」という概念についてです。争訟費用等については、「役員等が、その職務の執行に関し、法令の規定に違反したことが疑われ、又は責任追及に係る請求を受けたことに対処するために支出する費用」であることが会社補償の要件になっています。

　「職務の執行に関し」の意味については、実務指針の第二部・一において

解釈論を示しており、役員の地位や職務におよそ関係しない理由や個人的な利益を図るためにされた行為によって民事訴訟、刑事訴訟、又は行政手続に巻き込まれた場合はこの「職務の執行に関し」に該当しないと考えられます。

　武井　アメリカでは"in defending"の解釈として色々な判例法の蓄積があります。日本でもいずれ「職務の執行に関し」に関する判例が出されるかもしれませんね。

　森田　また、会社法の条文では「法令の規定に違反したことが疑われ、又は責任の追及に係る請求を受けたことに対処するために支出する費用」と規定されています。実務指針では、文字どおりの防御費用だけではなく、例えば提訴されたことに対して、役員から反訴する等の積極的行動を役員がとるときも、会社補償の対象となる争訟費用等に含まれるとの考え方を示しています。米国では、この点も"in defending"の解釈論ということになります。

2　通常要する費用等

　森田　続きまして、争訟費用等につきましては、「通常要する費用の額」を超える部分は補償できないという限定がかかっています（会社法430条の2第2項1号）。この「通常要する費用の額」が、会社法852条1項の「相当と認められる額」と同義だということになるとかなり狭く解釈をされてしまいますが、実務指針第一・五3では、役員に防御費用の補償をして適切な防御活動を可能にするという会社補償契約制度の趣旨や、実際に条文上も文言が書き分けられているということ等から、「通常要する費用の額」を「相当と認められる」費用の額と同様に狭い範囲に限定的に捉える必要はないと述べています。

　防御費用、争訟費用等については、実際に役員が支払った後に補填・補償するものに限らず、例えば弁護士費用であれば先に会社が代わりに支払ったり、弁護士費用等の相当額を会社が役員に先に支払い、その中から役員が弁護士事務所に払うといった前払いも可能であるという点が重要と考えられま

す。

　ただし、このような前払いに関しては、実務上、会社補償契約を実際に結ぶに当たり、前払いする費用について、その使途や適正な額か否かを確認するプロセス、そのためにどのような書類の提出を求めるか等を予め定めておくことや、役員が訴えられたり請求を受けたりしたときには事案の概要等を会社にも報告してもらうようにするといった必要な協力規定を会社補償契約の中に入れておくということも考えられます。

　加えて争訟費用等については、役員が自己もしくは第三者の不正な利益を図り、又は当該株式会社に損害を加える目的で職務を執行したことを会社が知ったときは、実際に補償した金額に相当する金銭の返還請求ができると規定されています。損害賠償金等の場合は、悪意重過失があるときには補償できないとされているところ、このような限定は争訟費用等の補償にはありません。しかし、役員に図利加害目的があったときは、会社は返還請求ができるという建付けになっています。

　最後に、会社と役員の間に紛争が生じた場合の防御費用についてです。争訟費用等については、会社法の条文上は、会社が役員を提訴した場合に役員が要する防御費用についても、補償することは禁止されておりません。例えば、会社が買収され、経営権が交代し、元社長が新しい経営陣から訴えられるような場合に、全く補償がされないとなると、事前に補償契約を結んでいた意味があまりないというところでもあるため、一定程度会社が役員を提訴した場合の防御費用も補償する必要性はあると思われます。一方で、このように会社から訴えられたような場合まで、役員の防御費用を会社が補償すべきなのかという点は、別途議論になり得るというところかと思っております。

　武井　会社法改正による会社補償制度の新設によって、特に防御費用に関する補償の世界が相当広がり、明確性が高まったという言い方もできるかと思います。

　冒頭に申し上げた企業側の様々なグローバルな活動におけるニーズに照らし、防御費用がどのような形で補償できるのかという点について、相当明確

性かつ利便性が高まりましたので、大変重要な改正だったと思います。様々なバランスの中で最後は企業が良かれと思う姿を考えていくことが望ましいところですが、費用に関しては全般的に義務的補償に馴染みやすい性格のものが多いと思います。そのような中で、各企業においては、今回の会社補償制度について、特に防御費用等に関してはぜひ積極的に活用して頂ければと思います。

　神田　「通常要する費用の額」についてご説明がありましたが、これが何を指すのかはケースバイケースとなります。

　また、図利加害目的があった場合については、法制審議会の部会でも議論がありました。争訟費用等と言っても補償を認めるべきではない場合があるという話があったのと同時に、争訟費用等は迅速に支払う必要性もあるため、事後的に図利加害目的が判明すれば取り返せるという構成にしています。

　職務の執行に関する争訟費用等に会社が訴える場合も含まれるということで、考え方としてはよいと思いますし、条文の読み方としてもよいと思うのですが、では補償契約でどう書くかというのは、要はそこはポリシーの問題になるのではないでしょうか。例えば、会社が原告となって会社法423条1項の責任追及訴訟を起こした場合の争訟費用は除くという書き方もあり得るでしょうし、株主代表訴訟の場合は含めるとか、色々な書き方があると思います。私自身は、会社が訴えた場合と代表訴訟の場合では、少しグラデーションがあると思うのですが、契約に何も書いてない場合には全部一律に補償対象に含むというように会社法の規定上は読まざるを得なくなると思います。ただ、その結論が適切かどうかはやや疑問があり、同じ争訟費用等といっても性質が違う面があると思いますので、補償契約でこの点を明らかにしておいた方がよいと感じています。ただ形式論で言えば、会社補償契約においてこの点を全く限定していなければ条文どおり補償対象になるということだと思います。

3　善管注意義務/忠実義務と「職務に関連して」との関係

　神田　今の点に関連して、局面は変わりますが、例えば、取締役に義務違反があったとして代表訴訟が提起された場合に、善管注意義務というのは「職務の執行に関し」てしか出てこないのです。つまり、取締役は職務を執行しているときしか善良なる管理者としての注意義務は観念されず、プライベートな生活での行為には適用がないのです。他方で忠実義務はそうではなく、取締役がプライベートで土地を会社から買うような場合を含め、忠実義務は「職務の執行に関し」適用されるものではなく、あらゆる局面に適用があるということです。

　そうすると、仮に代表訴訟の場合の争訟費用等を会社補償の対象にするとして、善管義務違反の場合は補償されるが、忠実義務違反を主張されると「職務の執行に関し」ていないから会社補償できないという話に繋がり得るのですが、これは結論から言うとおかしいかなと思います。善管義務と忠実義務の違いについて、従来あまり意識的に議論はされてきていないと思いますが、この点は少し課題ではないかと思います。

　ただ、前提として会社が訴える場合も争訟費用等を払うとしている場合の話に限定されます。第三者との関係で言えば、「職務の執行に関し」という線引きを用いることでおそらく問題がないと思います。

　武井　ありがとうございます。なるほど。今のご指摘は確かに何ら議論がされていませんね。忠実義務の中でも特に職務に関係しなさそうな事例のときに、この「職務の執行に関し」という要件が実は解釈上問題になってしまう事例が日本でもあるのではないかということですね。

　神田　逆に言えば、「職務に関し」に含める以上は、取締役が会社に対して負う義務に違反して訴えられた場合も含むと解釈しないとおかしいということになります。

　武井　なるほど。ちなみに少し論点がズレてしまうかもしれませんが、いわゆる Short Swing Profit（短期売買差益）における利益の吐き出し規定（金融商品取引法（以下「金商法」）164 条）が会社補償で補償できますかという話

も解釈論に委ねられていますね。Short Swing Profit の点はあとでも触れますが（後記**五7**参照）。

　神田　考え方の上では今の点と関係すると思います。

　武井　利益吐き出し規定を忠実義務的に考えたとき、補償できるのでしょうかということにもなるわけですね。

　神田　取締役が自ら株取引を行うのは職務の執行として行っているわけではなくプライベートな行為として行っているわけですから、分類すれば仰るとおり忠実義務です。

　武井　忠実義務という中でも「職務の執行に関し」ていないのではないかとして、Short Swing Profit における利益吐き出しは補償の対象ではないという解釈もあり得るということになってくるのでしょうか。

　神田　「職務の執行に関し」ての要件との関係ではそのとおりですね。

　武井　補償契約を作る側からすると、補償判断の明確性が求められるため、Short Swing Profit は、補償から除くとする例も結構出てくるのではないかと思います。

　神田　補償契約上、明記しておいたほうがよいと思います。繰り返しになるのですが、例えば、代表訴訟の場合の争訟費用等は対象にするがおよそ会社が訴えた場合は除くという書き方もあり得ると思います。

　武井　そうですね。あるいはアメリカのように、一定の場合は第三者委員会の判断になり、一定の手続の下で要件を満たすときのみ支払うというチェンジ・オブ・コントロールの手続で済ませるといった方法もあるかもしれません。

　神田　そうですね。

　武井　実際には、会社側としては補償する段階になってあまり揉めたくないというニーズが厳然とあります。そこでやはり補償契約には書き込んでおいたほうが良い面はあるのだと思います。

五　「損害賠償金等」の補償

1　損害賠償金等の補償

　森田　損害賠償金や和解金の補償を制限するものとして、悪意・重過失の要件があります。役員等がその職務を行うにつき悪意又は重大な過失があったことにより第三者に生じた損害を賠償する責任を負う場合には、当該役員が賠償金又は和解金の支払により生ずる損失の全部について補償することができないという規定（会社法430条の2第2項3号）になっています。悪意重過失という要件との関係で問題となるのが、会社法429条の第三者責任を役員が負う場合です。というのも、対第三者責任は、役員がその職務を行う悪意又は重大な過失があったときに負うものですので、会社法429条による損害賠償金は、全く補償ができないのではないかという点が議論されるわけです。しかし、429条の重過失というのは、427条等の重過失よりは軽い場面でも裁判上認められているという指摘もあり、実務指針では、429条の責任を負う場合にはおよそ会社補償契約制度によって補償することはできないとまでは整理しておりません。

　また429条に関しては、会社補償実務指針の脚注17において、最近の立法論についても言及しております。429条廃止論なども主張されているところです。

2　重過失概念は429条の重過失との比較論よりも425条から427条の重過失との比較のほうが適切

　武井　会社法429条については、重過失が何なのかという点は解釈論であるところ、429条は従来の運用が緩かったため、会社補償での重過失は、それよりやや限定的でも良いのではないかという議論があります。他方で、これは立法論も含まれていますが、429条は何故あるのかという議論が最近学会でも盛り上がりつつあります。直接損害に限定すべきであるという議論

79

や、429条はあくまで軽過失の場合を免責したところに意味があるという主張もあります。これは、裁判所が、何でも重過失だとして429条で損害賠償責任を負わせている傾向に対してある種のメッセージを送ることになるという議論もあります。また、立法論として、直接損害を不法行為責任で、間接損害事例は債権者代位で対応すれば良く、429条は不要ではないかといった議論などがあります。ひょっとすればこの辺りの制度の在り方に関する議論も中長期的には踏まえた上で、では会社補償をどうするかという議論になっていくのかもしれません。

　神田　ありがとうございます。大きく2点コメントがあります。

　1つ目は立法論の話です。近年、429条に対する立法論の議論が盛り上がっているのは仰るとおりなのですが、果たして従来の判例が重過失を容易に認めていたのかというと、昭和時代の429条の適用場面というのは、要は中小会社が倒産して、その取引債権者が訴えるケースなのです。それでそのケースで言えば、言葉が悪いかもしれませんが、法人格否認の法理等の代替のようなところがありました。その後、上場会社等で429条を適用した例では、それ程重過失を軽くは認めておらず、また、中小企業においても経営判断原則を適用した判決もあるので、リスクの分担のような全体感の中で、裁判例の動向が変わっているとは思うのです。ただそうはいっても、理屈の上で429条は説明がつくかというと非常に説明のつきにくい規定ですので、立法論として見直し、あるいは不要論があるのはもっともな話だと思います。

　2つ目は、森田先生がご説明になったと思うのですが、会社補償契約制度における重過失というのは、429条の重過失と同じか、それとも責任の一部免除の規定で登場する、425条から427条の重過失と同じかという問いがあります。429条の重過失と、425条から427条の重過失は違うという前提があるのかもしれませんが、ここは法制審議会の部会等ではあまり詰めては議論していないものの、むしろ429条と同じだという前提で考えられていたと思います。立法者意図というと言い過ぎかもしれませんが、私もこの悪意・重過失が何かと聞かれると、429条についての悪意・重過失と基本的には同じに考えるのでしょうねと答えるようにしてきています。

　他方で、そもそも、429条は第三者責任の文脈において、職務を行うことについての悪意・重過失という概念であるのに対して、425条から427条の規定は対会社責任の一部免除の文脈で使われています。補償は会社からお金をもらうわけですから、悪意・重過失があれば補償ができないという文脈では、おそらく425条から427条の重過失のほうがより近いように思います。ただ、これまでこのような議論はあまりしてきていないと思います。もちろんその前提として、425条から427条の重過失よりも、429条の方がより緩く認められているようだということであれば実益が出てくるのですが、429条も必ずしも今日においてはそのような運用ではないということになれば、結局429条もこの3つの条文と同じだということになるので、あまり実益は出てきません。そのため、実務指針のように、429条とこの3つの条文に若干差があって、会社補償は425条から427条の方に近いという議論には、説得力はありますが、ただおそらく429条の重過失はそこまで緩く認められていないのではないかとも思います。

　加えて、この辺りは最近また議論が変わっており、かつ、従来、少なくとも今回の会社法改正における議論では、この点をあまり意識しないで、429条と同じだというように説明してきたというところがあると思います。竹林俊憲『一問一答　令和元年改正会社法』119頁では、法制審議会の部会においては、会社が補償をするか否かの判断を委縮することのないよう悪意又は重過失が「明白である場合」と限定すべきとの指摘があったが、425条、426条の責任の一部免除について「明白である場合」といった要件とはされていないこと等を考慮し、会社補償においても「明白である場合」といった要件としないこととした、と記載されています。

　武井　ありがとうございます。429条の重過失と同じであるかどうかは、依然解釈論であるということかと理解しています。

　神田　429条と調整しようとしたとすれば、要件を429条に合わせているはずだと思います。少し違う言い方をすると、429条の場合に補償してよいかという点を議論するのであれば、答えはダメかよいかのどちらかであり、その結果としてダメという判断をしたというのであれば、要件を429条に揃

えないとおかしいと思います。

　武井　確かにそうですね。

　神田　もっとも今回の補償制度の趣旨からして、例えば費用の点は図利加害目的を外したのと同じように、損害賠償金等については悪意・重過失の場合を除いたという話だとすると、425条から427条で責任の一部免除ができないと規定していることに近く、悪意・重過失がある場合には補償できないと定めています。423条の責任をなぜ補償できないのかという話を政策論として提起して、その延長にこの規定があるとすると同じになるということではないかと思います。私も両方の見解が成り立ち得るように感じます。

　武井　ありがとうございます。確かに仰るとおりです。性格的に425条から427条の方ですね。ただ、425条等との比較論の議論はまだ出されていないですね。

　神田　あまりないのではないかと思います。少なくとも論理的な整理として二通りあるということが実務指針の脚注17にも書かれています。つまり、429条で責任を負う場合には補償できないという趣旨なら同じ要件のはずであると考える見解があり得る。他方で、取締役の責任の一部免除と同様、補償制度の趣旨からして、やはり悪意・重過失があった場合に補償するのはおよそ妥当でないという発想から、要件も425条から427条と同様に考えるという見解も成り立ち得るということだと思います。

　武井　分かりました、ありがとうございます。

3　対会社責任に関する会社補償の規律はアメリカよりも厳しい

　武井　続いて対会社責任についてです。

　森田　今回の会社法の規定では、430条の2第2項2号において、株式会社が損害賠償金又は和解金を賠償するとすれば、当該役員等が株式会社に対して423条1項の任務懈怠責任を負う場合には、損害賠償金又は和解金の支払により生ずる損失のうち当該責任に係る部分については補償できないという規定となっています。よく言われる場面としては、会社と役員が連帯責任

を負うような場合に会社が補償をすると、役員に求償できるため、その部分は結局補償できないこととなるという説明がなされています。また、任務懈怠責任を負う場面で責任限定契約を結んでいる場合には、その責任が限定される部分については、423条1項の責任を会社に対して負わないため、その限度でしか補償をすることができないといった議論がなされているところです。さらには、会社法350条の代表者の行為についての損害賠償責任の場合について、代表者がその職務を行うについて第三者に加えた損害を賠償する責任を会社が負うという建付けになっており、この場合もその会社と代表者とで不真正連帯債務の関係となり、会社が第三者に賠償すると取締役に求償できることになるため、423条1項の責任を代表者が負い、結局補償することはできないのではないかという議論もあります。

　武井　最後の点はアメリカとの比較論ですかね。

　森田　アメリカのエージェンシー問題の議論では、代位責任としての使用者責任は無過失責任の性格を持つところ、責任の範囲に一定の限界を見出すべきだとされていましたが、むしろ報償責任が徹底される試みとして、契約により、エージェンシーの職務遂行上の不法行為責任については本人が責任を負担するということを明示する機能がエージェンシー（委任）契約における、補償の機能として存在すると指摘されています。これにより、第三者責任の場合は、まず会社が賠償して、あとはエージェンシー契約の債務不履行責任の追及として損失の分担を図っていたとのことです。ところが、対会社責任になるとエージェンシー一般に行われる補償における調整機能が働かず、実際上、役員の責任の免除になるため異質な制度になっているとの指摘があるところです。

　神田　今のお話を伺ってのコメントですが、一点目としては、会社法350条との関係についてです。350条がなくても私は同じだと思いますが、従業員の行為に対して会社がどのような責任を負うかというと、使用者責任（民法715条1項）の規定がなければ、民法709条で不法行為責任を負うということになります。使用者責任の場合は民法715条になり、民法709条とは要件が違うという問題がありますが、仮に民法715条がなくても、民法709条

で会社は責任を負うと考えられます。この考え方は、民法 709 条が法人にも適用があるという、日本の裁判所の考え方が前提となります。これに対し、会社法 350 条は、民法 715 条のような要件を定めた条文ではありません。したがって、会社法 350 条が存在してもしていなくても議論は同じであると思います。

　二点目としてアメリカについての箇所ですが、連帯責任を負ったときに、「会社が支払ったことや求償したことはエージェンシーの関係の問題なのでそこは日本の会社法 350 条とは違う」という議論なのだとすると、それは違うと思います。会社法 350 条があってもなくても同じ、つまりここは不法行為の問題だとすると、第三者に対する損害賠償責任について会社が支払った後に役員に対して求償するかだけの問題となります。支払った後の会社の求償問題というのを日本は取締役の責任と同視しているという立場に立てば、423 条 1 項の問題なので今回の会社補償制度のスキームでは補償の対象外となります。

　私の理解では、アメリカでは、日本法で言う 423 条 1 項と抵触したからといって直ちに会社補償の対象外とすることにはしておらず、裁判所が判断します。その結果、もちろん補償が認められないことになるかもしれませんが、日本と米国の違いはそこにあるのです。そういう意味では日本の会社補償の方が厳しいともいい得ます。ただこの点はエージェンシーなのか会社法 350 条なのかという文脈の話ではないというのが私の理解です。その上で、もし会社からの求償が常にあるとすれば、仰るとおり一部免除すらされていなければ補償可能、一部免除されていればそれ以外の範囲で補償できるというのはそのとおりですが、ほとんど補償できる場合がないという事態になるのは、これは 423 条 1 項の責任が補償の対象外であると規定されていることから導かれる帰結だといえます。

　私が少し分からないのは、実際問題として、対外的に連帯責任を負う場合に、内部負担割合として取締役が 100 で会社が 0 の場合ばかりだとは思わないという点です。このような場合はもちろん補償の対象外なのですけど、例えば 50：50 であれば会社が求償できるのは 50 です。しかし、反対に、取締

役が先に対外的に100を払ったら50は補償可能となるはずです。わかりやすさの観点から極端な例を挙げますが、会社の内部負担割合が100で取締役の内部負担割合が0という具合であれば、先に取締役が払ったら、取締役は100の求償を請求でき、会社は100の補償ができるわけです。確かに会社法423条1項の責任は補償の対象外であるというのは今回のルールですが、巷で出ている議論のようにこのルールにより補償対象になることは殆どないということには私はならないように思います。具体的な例を本当は考えなければなりませんが、以上感想として申し上げておきます。

　武井　仰るとおりだと思います。色々と難しいエリアですが、わかりやすくご説明を頂きまして誠にありがとうございます。

　森田　巷の議論は、おそらくその内部負担割合が、取締役が100ということを前提にしているような気がいたしますが、ご指摘のように、必ずしもそのような内部負担割合になるわけではないのではないかと思います。神田先生が仰られたような、取締役とその会社が連帯責任を負い、会社が先に賠償をして求償をする場合であっても、そのように求償ができるということは423条1項に該当して結局補償はできなくなる、と簡素にまとめている議論が多いようにも思われます。

　神田　実際に問題になるのは、会社の内部負担割合が100の場面よりは、他の連帯責任を負う取締役との関係で問題になるのだと思います。取締役がA、B、Cといて、Aが実際に行為をして、負担割合はA、B、Cでは100、0、0だという前提で、たまたまBとCも訴訟の当事者となり敗訴したという場合や、社外の第三者との関係では会社も当事者になり、内部負担割合は会社は0、Aが100で、B、Cが0という場合に、たまたまB、Cが支払わされたというときには、BやCに補償してよいと思います。Aについては補償の対象外です。もう少しきめ細やかに考えると、確かに423条1項の責任を負う場合は補償の対象外であるのですが、取締役も複数いますので、補償の意味がある場合もいくつかあるのではないか、すなわち内部負担割合において違ってくるのだとは思います。

　武井　ありがとうございます。立法論を含めてこの点の議論はさらに進ん

でいく必要があるエリアだと思います。

4　業務執行役員に対する責任限定契約を認める立法論

武井　先ほどのアメリカのような裁判所の判断で会社が補償して良いという取扱いや、現状は非業務執行役員にだけになっている責任限定契約の射程を業務執行役員も含めてもう少し柔軟化すべきなどの議論もあります。今回の会社法改正では、責任限定契約の条文を変更しないという前提だったこととの平仄で現状の形になりましたが、それだけが制度論の解ではなく、今後立法論の議論もあり得るのではないかという議論も、学会で若手の学者の方から出ているところです。業務執行取締役の責任限定契約は、立法論としては重要ではないかとも思っています。

神田　私もずっと立法論については武井先生と同じことを言ってきています。429条の立法論より、こちらのほうがいずれの点においても重要なのだと思います。429条の適用については、元々ある紛争の類型やそこにおける利害関係を見て判決が出ますので、立法論として、例えば429条をなくしたところでそれほど結論が変わるわけでもないようにも思いますが、今仰った点のほうは、立法論がないとおよそ対応できないところなので、私は立法論として武井先生の仰った方向がよいと思っています。

武井　ありがとうございます。そういう意味で、今回会社補償が明文化され整備されたので、こういった論点も今後より見える形で議論されていくということですね。

神田　そうですね。

5　責任限定契約を超える額の補償

森田　もう一点、今の点に関し、損害賠償金等の補償と責任限定契約との関連についても議論をしておければと思います。この点は、実務指針ですと**[実務上の視点⑤]** に記載されています。

　例えば、責任限定契約を締結している非業務執行役員 A が判決で会社に
対して 500 の賠償責任を命じられました。しかし責任限定契約では責任限度
額が 200 であるとします。この差額の 300 について、会社補償で補償するこ
とが可能であると解されています。問題はこの 300 について、会社補償の手
続を経なければならないのかどうかです。

　会社が原告に 500 払った上で、A が会社に 200 払う場合、300 求償しない
ことについて、会社補償の手続によらなければならないのでしょうか。今回
の会社補償制度が導入される前は、この 300 については責任限定契約の効果
として会社に求償権がないというだけだと考えられていましたが、会社補償
契約を結んでいる場合でも、会社補償契約制度の対象外として処理すること
も可能と考えてよいでしょうか。

　上記とは反対に、A が原告に 500 払った上で、会社から 300 の填補を受
ける場合は、どうでしょうか。

神田　まず、会社が原告に 500 支払う 1 つ目のケースですが、求償は責任
と同義だと考えると、補償ではないので、会社補償契約制度の手続に従う必
要はないことになります。私はこの考え方でよいと思います。一方で、求償
と責任とは異なると考えると、会社は役員 A に 500 求償できるし、補償も
できるということになります。しかし、責任限定契約による責任の一部免除
の趣旨を尊重し、200 しか求償せず、補償も 300 までしか行わないことにな
ると考えられます。この 300 は補償ですので、開示対象にもなります。

　役員 A が先に原告に支払を行う 2 つ目の例では、責任の一部免除は会社
の内部関係の問題ですので、原告は役員 A に 500 を請求することができま
す。役員 A が 500 支払った場合に、求償は責任と同義だと考えると、300
の償還を受けることは補償ではないということになります。求償は責任と異
なるとの考え方からは、300 は補償として、会社補償契約制度の手続を踏ん
だ上で支払うことができることになります。

6　違法配当責任を損害賠償金等の会社補償の対象とできるか / するか

武井　次の論点として、課徴金や罰金、違法配当を損害賠償金等の補償と
して補償対象に含むかという点についてです。争訟費用等の補償についてで
はなく、ここでは損害賠償金等としての補償の話になります。
　ここは、各制度の適宜趣旨をみて決めましょうということに尽きることに
なるのでしょうかね。違法配当責任以外の特別法に基づく責任についてはい
かがでしょうか。違法配当責任の賠償金を補償して良いかどうかは、解釈論
に委ねられているという面があるかとは思いますが。

神田　違法配当自体は 423 条 1 項の責任ではないですね。

森田　そうですね。430 条の 2 第 2 項 2 号の条文は、「当該株式会社が前
項第 2 号の損害を賠償するとすれば当該役員等が当該株式会社に対して第
423 条第 1 項の責任を負う場合には」となっています。

神田　ありがとうございます。会社補償の規定で 423 条 1 項と明記してま
すが、責任というと 462 条も責任ではあります。条文のタイトルが、剰余金
の配当等に関する「責任」になっているので、昔は弁済責任と言っていたの
ですが、条文上は「支払う義務」になっているように、現在は、分配可能額
を超過した場合には超過して会社から財産が流失した部分の全部を返すとい
う規定です。損害賠償責任ではありませんから、423 条 1 項の責任ではない
けれども、責任ではあります。そのため、形式論から言うと補償対象外とさ
れる条文には該当しておらず、423 条 1 項と条文で限定している趣旨をどう
考えるかという話になります。
　違法配当責任も 423 条 1 項の責任に準じて考えるかどうかということにな
るのではないかと思いますが、私は会社補償の条文が 423 条 1 項に限定して
いることには意味があって、任務懈怠に基づく損害賠償責任の場合に限定す
る趣旨だと考えております。そのため 462 条は補償の対象になるという考え
方でよいように思います。ただし、違法配当の場合は会社から財産が減るこ
とになるので、462 条の分配可能額を超えた配当がされたときに、423 条 1
項の責任も生じるのではないかという見解がありますが、私はおかしいと

思っています。なぜかと言うと、配当の場合が良い例ですが、会社から財産が流失した場合でも全株主に合計で同じ金額が配当されることになります。そのため、423条1項との関係では、会社の財産は減っていますが、株主はそれを受け取ってるので、会社の損害はないと思うのです。ただ、この点は、議論もあまりされておらず、裁判例はないと思うのですが、私はこのように思っています。

　しかも、実際に462条の責任を履行すれば、結果的に423条1項の責任が履行された場合と同じことになります。ただご存知のように、462条では責任を負う取締役が全取締役ではなくて、執行した人、行為をした人、議案を提案した人等に限定されています。このような限定があるため、少し微妙かもしれませんが、条文の読み方としては423条1項と明記されているので、462条の違法配当責任は430条の2第2項2号の適用から外れるという整理でよいと思います。

　武井　ありがとうございます。そういう条文の文言上の点を踏まえて、民間の会社補償契約では対象外として明記しておくということが考えられますね。

7　短期売買差益を会社補償の対象とできるか

　武井　先ほど前記**四3**でも少し触れられましたが、金商法164条の短期売買差益の返還義務についてはいかがでしょうか。

　神田　金商法164条の短期売買差益の返還義務について、この関係で難しい点は、金商法164条自体は会社法430条の2第2項2号には書かれていないので、同号の適用からは外れているのですが、金商法164条の返還義務の底流にある責任がどのような性質なのかという点です。

　例えば、金商法には、有価証券報告書虚偽記載の対第三者責任を定める規定があるのですが、その基礎は不法行為だというのが最高裁の判例です。これと同様に、金商法164条の基礎にあるものは取締役の忠実義務なのか否かという点が問題になり、もし忠実義務や善管注意義務が基礎だとすると、こ

の金商法164条の責任の法的性質は会社法423条1項と同じだということになります。

　先ほどの違法配当の会社法462条は少し性格が異なり、会社法423条1項の条文の範囲では会社に損害は観念できないので、流失した財産を会社債権者のために一度返還して配当をし直すという会社法423条1項とは別個の責任を定めた条文ですので、会社法462条の方が金商法164条より423条1項との距離が遠いように思い、金商法164条の方が補償対象外ではないかという議論になりやすいのではないかと考えます。

　武井　なるほど。誠に大変貴重なご示唆を頂きましてありがとうございます。

8　和解の場合

　森田　次に和解による支払です。これも補償の対象となりますが、まず手続面としては、安易に和解をしてしまう事態を牽制するという観点からは、補償契約の中で事前に会社の同意を得るという規定ぶりにすることも考えられます。裁判やそれに準ずる手続により確定した場合に限定するなど、会社補償契約の建付けの仕方は色々と考えられるところです。

9　和解金補償の規律の射程

　森田　また、実務指針の［**実務上の視点⑥**］において、これもよく議論されるところですが、会社補償制度が対象としている和解金というのは、役員等が和解に基づく金銭を支払うことにより生ずる損失の補償ということでありますので、役員等と会社が共に訴えられて、会社が一括して解決金なり和解金なりを支払う場合は、補償ではないと考えられます。後ほどご紹介します補償の開示等も必要がないという整理をしております。

　武井　和解については、事前同意という手続面の話と、和解金の補償の射程が論点になります。

　和解の補償も損害賠償金等の補償として開示義務がかかっている中で、ど
こまでの和解が射程なのか、今回の会社補償制度の趣旨に照らしてどうかと
いう問題です。ここは法制審でも少し議論があった点ですが、会社補償の対
象外となる理由をより明確に書いたのが、実務指針の［**実務上の視点⑥**］で
す。この点は実務的にも関心が高いところです。

　神田　今仰って頂いたとおりでよいと思います。1つ目は繰り返しになり
ますが、別の言葉で言えば、要は 423 条 1 項の責任が生じたら補償できない
ということです。それだけのことなので、例えば取締役が和解し、和解金を
払って会社補償がされたとしても、423 条 1 項の責任が生じてなければ全く
問題がありません。2 点目は今仰ったとおりで、会社が和解金を会社補償契
約に基づき補償しているわけではないので、もちろんケースバイケースでは
ありますが、典型的な場合は、法制審の部会でも取り上げていたとおり、補
償とは無関係ですので、会社補償制度の規律の適用はないということでよい
と思います。

六　補償の開示

　森田　公開会社は事業報告で会社補償制度に関する開示をする必要があ
り、取締役等と会社補償契約を締結しているときはその当事者となっている
取締役等の氏名、補償契約の内容の概要、補償契約によって取締役等の職務
の執行の適正性が損なわれないようにするための措置を講じているときは当
該措置の内容の開示が求められます。また、争訟費用等を会社が補償したと
きはその旨を、会社が当該事業年度において取締役等が職務執行に関し、法
令違反または責任を負うことを知ったときはその旨の開示も必要です。損害
賠償金や和解金を補償した場合は、その旨及びその補償した金額を事業報告
で開示しなければならないとされています。民法に基づく補償の場合はこの
ような事業報告での開示義務は生じません。

　株主総会参考書類においても、補償契約を締結しているときや、候補者と
締結する予定があるときは当該補償契約の内容の概要の開示が求められま

す。有価証券報告書の記載事項についても、事後報告並びの開示が求められているところです。

七　会社補償契約制度の外の世界①　民法に基づく補償等との関係

1　監査役等の費用償還（会社法388条等）

　武井　ではいよいよ、今日の後半のヤマとなる会社補償制度の外の世界との関係について入りたいと思います。

　森田　これは、会社補償契約と民法の補償等との棲み分けの話です。

　まず会社法388条等に規定される監査役等の費用償還です。これは補償ではありませんので、会社法の要件を満たす限り義務的に払わなければならないというものです。

　武井　監査役の費用償還に係る388条は、会社補償や委任の特則で、立証責任を転換しているのですが、これも民法の世界の一部を会社法が義務的に書いたという建付けなのでしょうか。

　神田　概念はそのとおりです。この後に問題になる概念整理をどうするかによって範囲が違ってきますが、仮に全く重なった場合でも、監査役の費用償還は義務といいますか、会社は絶対払わなければならないので、例えば補償契約で払わないと制限したり、払うかどうかは別途決めるといった選択肢はありません。

2　民法上の補償と会社補償契約制度に基づく補償との棲み分け・概念の整理

　森田　次は民法上の補償と会社補償契約の棲み分けについてです。実務指針の［**実務上の視点⑦**］において、4象限に分けて整理をしております。［**図表1**］

	会社補償契約に基づく会社補償	会社補償契約に基づかない補償
民法規定からの上積み補償あり	A　会社補償契約制度の規律に服する	D　あり得る（民法に基づく補償の特約等）
民法規定のとおり	C　会社補償契約制度の規律に服する	B　民法に基づく補償

森田　最初に、**図表1**の基本的考え方ですが、民法の委任契約の条文と同内容の補償をする場合（下段）と、民法の規律を超えた上積み的な補償がある場合（上段）があります。そして、会社補償契約に基づき補償する場合（左列）と会社補償契約に基づかずに補償する場合（右列）の四象限に分けて整理をしています。

図表1のAの領域、つまり、民法の委任契約に上積みした内容を会社補償契約に基づいて補償する場合は、会社補償契約制度の規律に服するということになります。具体的には、会社法が定める手続規制や情報開示規制等に服することとなります。また、会社法では、役員等に重過失がある場合の損害賠償金等の補償は否定されていますので、重過失の場合も補償するといった補償契約をあらかじめ締結することは認められないことになります。

次に、民法の委任の規定どおりの内容で、会社補償契約を結んでそれに基づいて補償をする**図表1**のCの領域についても、会社補償契約制度の規律に服すと整理しています。

他方、会社補償契約を結ばずに、民法の規定どおりの内容で補償する**図表1**のBの領域の場合、これは民法に基づく補償ですので会社法による開示等の規律はかかってこないということになります。

最後に、**図表1**のDの領域です。民法の委任の規定では、例えば、損害賠償金は無過失の場合に限るとなっておりますので、軽過失でも補償する場合は、民法の上乗せということになります。そのような特約を結ぶときは、会社補償契約を結んでいると評価される場合もあると思われますが、必ずしも全てを会社補償契約なのだと扱わなくてもよいのではないか、民法の特約としてのDの領域も認められ得るのではないかと思われます。

武井　この点については様々な議論があり、どのように整理するのか難し

い点があります。

　神田　**図表２**に基づき説明させて頂きます。概念整理として、元々民法で払えるものと、会社補償契約を結べば会社法で払えるものがどのような関係にあるかという論点については、３つの考え方があると思います。私は真ん中の考え方がよいと思っており、右の考え方はないのではないかと思っています。

　図表２の一番左の考え方は、会社補償の対象の中に民法で払えるものが含まれているという考え方で、この場合には会社補償契約がなくても民法で払うことができます。ただ民法で払える場合について、会社補償契約において同契約で払えますと規定することは自由ですし、逆に除外することも自由です。ただこの場合は、今森田先生が仰ったように、この民法の規定を任意規定だと解して、ある程度の範囲までかもしれませんが、例えば無過失の場合に限るという規定を緩めようとすると、これは民法のデフォルトルールに対する特約となり、当事者間の合意になりますので、契約による補償になると思います。そのため、この場合は、民法の要件を緩めて払おうとすると会社補償契約になるというのが一番左側の考え方です。

　一番右側は、そもそも民法で払える対象と会社補償が想定している対象は異なるというもので、この概念整理に立つと民法の規定を緩める合意も会社補償契約にはならないということになります。なぜなら会社補償も民法の外側の部分となり、特約で図の民法の円を広げたとしても会社補償の円と重ならないためです。

［図表２］

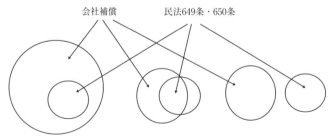

会社補償　　　　　　　民法649条・650条

　真ん中の考え方は、その両方で、この重なってる部分であれば民法の要件を緩める合意は会社補償契約になるし、右の会社補償の円からはみ出ていて重なっていない部分であれば、民法の合意を緩める特約だが会社補償契約なくして可能だということになります。

　この３つの中で、私は一番左か真ん中のどちらかであって、右はないと思っています。

　その理由は、通常、民法では損害だと無過失が求められ、費用については必要な費用と限定的に規定されているためです。

　ただ、元々の民法の趣旨からすると、真ん中のように重ならない右側の部分があるような気もしています。例えば、東京から大阪に行く新幹線代を役員が支払って、会社に費用償還することは民法650条に基づき可能だと思いますが、これは会社補償と重なっているのでしょうかということです。一番左側の図だったとしても会社補償契約がなくとも支払えるはずです。この点は左側の図も真ん中の図も同じですのであまり変わらないのですが、もし新幹線ではグリーン車、あるいは飛行機のファーストクラスで行った場合に、これは通常要する費用ではないという話になったらどうなのか。必要な費用かと言われたら必要ではないかもしれないが、民法上の特約として、ファーストクラスでも支払うことができるとアレンジするのは私はあり得るのだと思います。これは会社補償契約でなければ払えないわけではないと思いますし、他方で補償契約だと言ってしまうと、今の具体例でいうと論理的には「通常要する」費用なのかという点が問題となります。ただし、民法と重なってる部分がありますので、その部分について民法の特約として会社補償契約になるという場合の方が多いとは思います。

　森田　ありがとうございます。会社補償契約制度が会社法で導入されても民法による補償は引き続き可能なのか、可能であるとして会社補償契約を結んでも民法の補償はできるのかなど、これまでも様々な議論があった点です。**図表２**の３つの図のうち真ん中の図では、会社補償契約を結んでいても民法で補償ができる部分があるということになると思います。真ん中の重なっている部分はどうなのか、会社補償契約で上手くカーブアウトすればや

はり民法なのかなど、なかなか難しい論点があると認識しています。

　神田　今のご指摘について1点だけ補足します。今仰ってることの実質には賛成なのですが、一番左の図であっても、会社補償契約なくして、又は会社補償契約を結んでいたとしても民法の規定によって払えるという考え方は十分成り立つということです。仮に義務的補償にしていなかったとして、いざ払うときに取締役会決議を経ることとなったとしても、会社補償契約で例外を設けていなくても民法の規定に基づくものは契約に基づくものではありませんので、自動的に払うことができます。

　見解は分かれるところですけれども、概念としては、一番左でもそのような取扱いは可能だといえます。そうすると、真ん中の図と左の図の違いは何かというと、左の図においては、民法の要件を緩める特約は常に会社補償契約になります。それゆえ、過失がある場合でも支払うとか、必要でない費用も支払うとなると、民法の特約を緩める、すなわち、会社補償契約として会社法の手続が必要になります。

　これに対して、真ん中の図では、重なっている部分について民法の要件を緩める特約は会社補償契約になりますが、重なっていない部分について民法を緩める特約は会社補償契約に該当しないので、会社補償契約の規律を受けずして特約で民法の要件を緩められるということになります。それは私が挙げた例で、「通常要する費用」としていますが、ファーストクラスでの出張のように通常必要とはいえない費用も支払うことについては、当事者が合意すれば、民法の規定の解釈上仮に必要でない費用だとされても任意規定だから払えるということでよいのではないかと整理できます。それを「会社補償契約の手続を踏まなければ支払うことができない」という必要はないと考えています。そのような例があり得ると思いますので、真ん中のような整理の方がよいのではないかと申し上げた次第です。

　仮に左の図であれ、真ん中の図であれ、重なっている部分について会社補償契約を結んでいる場合に、会社補償契約に基づかずに民法の規定で、民法の要件どおり払えるかどうかというのは一応別の問題ですが、払えるという考え方もあり得るかなと思っています。それは左の図の場合でも当てはまる

ので念のため申し上げます。

3　旅費等、防御費用以外でも通常の規程がある場合には会社補償契約は不要な領域が観念できるのではないか

　武井　ありがとうございます。とても重要な指摘だと思います。費用について、巷の議論では、防御費用というと弁護士費用が想定されていますが、たとえば役員が海外で提訴をされて海外に渡航する場合の渡航費について、会社補償契約がないとファーストクラスに乗れないというのは変ではないかということですね。森田先生、**図表1**は、真ん中の整理の前提で書かれていると言うことで良いですね。

　森田　はい、**図表1**のD領域で「あり得る（民法に基づく補償の特約等）」としている部分です。

　神田　先ほどの例でいうと、実態として通常は会社が直接グリーン券なりファーストクラスのチケットを購入しますので、役員がファーストクラス等の費用を立て替えて払い、会社に対して費用償還を求めるといった事態はあまりないと思います。ただ、実際もしそれが起きたときは、会社に旅費支払規程というものがあり、例えば役員だと常務以上はファーストクラスやグリーン車とするなどの規定が存在して、その規程を理由に役員が立替払いしたときは、規程に従っていれば会社は払うということだと思います。問題はそれを会社補償契約と呼ぶかどうかという点でして、その前提として問題なのは、これが民法の特約になっているかということで、私は一種の特約にはなっていると思っています。なぜならば、民法上の必要な費用をこの場合は超えているためです。しかし、払ってもよいと会社が合意していて、合意するのにわざわざ今回の会社補償契約に該当するという必要はないという気がします。会社補償契約と位置付けてもよいとは思いますが、会社補償契約の規律を守らなければグリーン券分の旅費を支払えないというのは少し違うように思います。

　武井　そうですね、私も会社法上の会社補償契約がないと、役員がファー

ストクラスに会社負担で乗れないということではないと思います。

松本　防御という文脈以外でも普通に生じるような費用については、わざわざ会社補償契約の中に入れなくても良いのではないかなという問題意識は、実務でもあるところでした。**図表２**の真ん中の図で会社補償の円から外れる部分というのは、防御費用でしか生じないようなものではなくて、役員として何か普段生じるような費用で、たまたまこの文脈で生じたようなものについては外しても良いかなというイメージでしょうか。

武井　典型例としてはそうなのでしょうね。

神田　今松本先生が仰ったような点をまずファーストステップとして、セカンドステップとして会社補償の円と重なり得る場合に、左側に整理するか真ん中に整理するかという二段で整理したほうがわかりやすいですね。

武井　本当に合意に基づかず会社が一方的に支払う場合は、それは会社補償でも民法の話でもなく、単純に報酬規制や利益相反規制等の規律になるのではないかという趣旨の指摘もあります。会社補償に関する会社法の一つの規律は利益相反規制との関係ですが、旅費規程に基づき旅費を支払うことは、会社法の利益相反規制との関係を深刻に考える必要のある行為では通常ないのではないかと思います。旅費規程に基づく旅費の支払について、仮に上積みした部分が必要な費用にあたるか論点になり、必要な費用にあたらないという立場に立って議論がされたとしても、旅費規程によって社長にファーストクラスで行ってもらうことについて、利益相反取引規制により取締役会決議が必要であるとか、そのような議論をするレベルの話ではない気がします。

森田　旅費規程について取締役会決議を取っているのであれば、そこで済む話のようにも思われます。

武井　そうですね。ただ昨今の取締役会決議事項のスリム化の流れでは、そこまでの実務的な人事系の規程は取締役会決議から外そうということになっている気がします。

神田　同じような例として、出張で言えば、例えばホテルでも安い部屋があるのに豪華な部屋に泊まるなどという話があり、実際問題としては、各社

は旅費や滞在費も含めた旅費等の規程を設けていて、会社が直に払って予約や切符も買っていると思います。しかし、仮に民法650条の問題になり、役員が自分で立て替えて補償を求めるという話になったときにどうかというと、実際には、会社は旅費規程に従って払うと思われます。そのため、これを民法650条との関係でどう見るかで、この場合はやはり必要な費用とはいえないときもあると考えます。ただ、規程を置いている以上は、その規程を前提として役員に就任しているわけですので、民法650条の要件を緩める黙示の合意があると考えられ、それをわざわざ会社補償契約だという必要はないように思います。

　武井　ありがとうございます。仰るとおりだと思います。今までの巷の議論では、利益相反性が強い代わりに会社補償の対象に入れて利益相反の規律が及ばないようにする一方で取締役会への報告を求めるという会社補償契約の類型に弁護士費用までは入ってくるのですが、それ以外のものはあまり考えられていないように思います。これらを今回の会社補償の世界に入れて取締役会で（頻度はさておき）毎回報告しなければならないとされると、実務的には相当驚くのだと思います。旅費について今まで払ってきたことを問題視するような議論がこれまで立法事実としてあったかというと、それはないようにも思います。

　神田　武井先生の仰るとおりだと思います。利益相反性の点について、民法650条においても、形式的には会社が払うので広い意味での利益相反性はあるものの、法定規定で払うのであればよいという点からしても、利益相反性の程度問題ということかと思います。

　武井　なるほど、ありがとうございました。

八　会社補償契約制度の外の世界②

1　会社補償契約制度の外の世界のその他の例

　森田　会社補償契約制度の外の話で、民法の世界以外との整理について簡

単に触れます。

　第一に、実務指針の［**実務上の視点⑧**］で整理した箇所です。会社と役員の両方が責任追及の請求等を受けた場合に、会社がまとめて防御費用を支払うことにも、役員が負担する費用を払っているわけではなく、会社がその事業運営に伴って発生する費用を負担していることや、役員等が負担していた損失を役員等に払っているわけではないということ、同じ弁護士を雇うことができている時点で利益相反性がないことなどから会社補償制度の範囲外であると考えています。

　第二に、役員の報酬は、役員報酬の規律に従って株主総会決議を取らなければなりませんが、役員が負担する損失を会社が補償するわけではないので、これも会社補償ではないという整理になります。

　第三に、役員にお金を貸し付ける形態をとる場合も利益相反取引にはなりますが、会社補償ではないと整理できます。

　第四に、会社補償契約制度は役員等を対象にしているため、役員等に当たらない雇用契約に基づく被用者、使用人兼務の役員や執行役員の場合には、会社補償契約制度の規律は及ばないということになります。また使用人との関連で、最判令和２年２月28日民集第74巻２号106頁は、被用者が使用者の事業の執行について第三者に損害を加え、その損害を賠償した場合に、被用者から使用者に対する逆求償が認められることを明確にした判例で、実務指針の脚注に参考として挙げています。

　使用人兼務役員については、実務指針の［**実務上の視点⑨**］で取り上げています。使用人兼務取締役の使用人としての給与については、一定の要件のもと役員報酬の規律がかからないと考えられているのと同様、使用人としての職務に関して負担した損失等については、それを補償したとしても会社補償契約の規律はあたらないと考えられるのではないかと整理しております。

　執行役員の方は、執行役員も雇用型と委任型といったように性質は色々ございますが、先ほどの使用人兼務役員のところと同様に考えられます。執行役員としての立場で職務執行をしている場合と取締役としての立場で職務執行している場合が明確に切り分けられるときは、前者の執行役員としての立

場での職務執行に伴って負担する防御費用や損害賠償金等を会社が補償することは、会社補償契約の範囲外と考えることができます。

松本　実務的には、使用人や執行役員を兼務しているような場合に、使用人・執行役員としての職務か、取締役としての職務か、そのどちらにあたるのかというのが論点になることがあります。保守的に考えると役員に対して補償するという方向で捉えることになってしまうことも多いのではないかと思いますが、それでよいのかどうかというところです。

神田　最後の使用人や執行役員を兼務する役員についてですが、松本先生が仰ったように、理屈はともかく迷えば兼任者については保守的な運用になるだろうというのは仰るとおりだと思います。

また、雇用関係の場合の問題点は、民法上、雇用契約には、民法650条のような規定がないということです。そのため、実は雇用契約については、民法650条に定める費用を償還するかどうかについても何も規定がないので、すべて契約で定めなければ雇用契約一般の解釈論になってしまいます。実務上は、従業員の就業規則等の様々な規程があるので特段支障がなく、実際には会社が直接支払っているでしょうから、あまり従業員が立て替えた費用を会社が償還する事態はないかもしれませんが、雇用契約になったら民法650条の手当てすらないため、非常に分からない話だというのが論点です。

松本　ありがとうございます。

2　子会社役員等に対する親会社からの補償

松本　次に別の話として、役員等を兼務していなくても、執行役員等に対して補償契約を締結するかどうかや、親会社では役員ではない者を子会社の役員として派遣するような場合に、親会社が何か補償をするかといったところが、実務上は論点になることがあります。子会社での職務執行に関わることについて親会社が補償をするというニーズは実務上もあるようです。実務上は統一的な制度を置くことや、また役員とは別の形で補償に関する規程を置くということも考えられるのではないかと思います。

　武井　親会社と子会社役員には雇用関係すらないパターンは、実務指針でもまだ言及するには至っていない部分ですね。契約関係の有無に関わらず子会社役員は親会社が面倒を見るということですね。

　松本　D&O保険と同じ建付けというイメージですと、D&O保険では、親会社がグループ会社の人たちをカバーしていますのでニーズとしてよく分かります。

　武井　なるほど。要するに親会社から、1円ストックオプション等を子会社の役員に渡すことについて、報酬なのか、有利発行なのかという議論がありましたが、その裏側ということですかね。日本の会社法だと親会社の役員等でもなくて、契約の世界で対応しましょうという話ですね。親会社として補償を行うことについて、ある意味経営判断原則の問題でできるという世界ではないかということでしょうか。

　松本　そうです。いわゆる任意の補償という話になるのだと思います。

　武井　任意ですね。しかもそれが民法の委任契約の補償ですらないという世界もあり得るということですね。

　松本　ちなみに実務上のニーズということで一言補足すると、提携業務先や合弁会社も含め、投資先等に派遣した役員も補償してあげたいというニーズもあります。この場合にどういった建付けにするか、D&O保険でもカバーされていないところなのですが、補償してあげるべきなのかというところも論点になります。

　神田　親会社や派遣先の場合について、これもやはり難問ですが、例えばストックオプションなど、親会社がストックオプションを与えることについて、グループ会社や親会社が上場しているので、その価値が上がれば換金ができる等の意味があるところ、日本での整理は原則法人格で切っていて、その上で実質を加味するということだと思います。そのため、親会社に対価を払わずにストックオプションを交付する場合は、先ほど武井先生が仰ったように、有利発行の手続を経るというのが建前です。言い換えると、有利発行手続を経ればできるのですが、親会社がストックオプションを交付するのは無償贈与をしているのではなく、インセンティブ報酬として渡しているのだ

と思います。補償契約も、インセンティブ付与という観点から入れられているので、やはり表裏として、子会社の役員等にこの費用や損害を親会社が払った場合に無償贈与と同様になるのであれば、有利発行ではないため、親会社において何らか手続があるわけではないものの、無償であることの正当性が必要になると思います。

　もう一つ、会社補償との関係で言えば、取締役の子会社に対する会社法423条1項の責任に基づく損害賠償金を親会社が会社補償してよいとなってくると、政策論としても解釈問題としても難しい論点があると思います。100％子会社だったらどうかなど、色々な場面があります。形式的には、そのような場合も会社補償の規定の適用がないことは確かですが、やはり留意点は色々あり得るため、実質を加味した解釈をしなければならないということになるのだと思います。

　武井　なるほど。子会社の役職員に対するインセンティブ設計として親会社側に正当性があるかのかどうかが大事になるということですね。

　神田　元々ストックオプションもインセンティブですよね。ですので、働いた結果が出ればたくさんもらえますという話ですよね。補償も似た話になると思います。会社の企業価値を高めるため、取締役が委縮することなく、安心して任意でリスクを取った行動をしてもらうために補償があるわけです。それは会社側とその役職員との間にそのまま当てはまるのですが、ただ、なぜ子会社の役員に、子会社のストックオプションではなく親会社のストックオプションを渡すのかという話です。

　その場合は2つ説明があり、1つはグループ経営ということ。もう1つは子会社の株をもらっても意味がないので、親会社が上場会社だとすると親会社の株をもらったほうが換金性も高まるしインセンティブ報酬としての実を取ることができるというものです。

　ただ理屈上は、単純に言うと、子会社で働いている役員の職務執行は子会社におけるものですので、親会社がストックオプションを渡したら、それだけだと贈与になるのでしょう。この点に折り合いをつけなければならないという問題はストックオプションでもあると思います。

　したがって、親会社が補償するのは規定がないから自由だというのは、贈与するのが自由だと言ってるようなものなので、この場合はやはり子会社の役員等に適切なリスクを取って仕事をしてもらうために、子会社ではなく親会社が補償すると説明するという話なのだと思います。

　そうだとすると、ネガティブな観点で言うと、そうであれば子会社に対する損害賠償責任を親会社が補償することは避けたほうがよいという方向になります。他方ポジティブな観点で言うと、ストックオプションの場合には換金性の問題があると思いますが、補償の場合はキャッシュで渡すのでストックオプションのような事態は生じません。そのため、今の例で言うと、やはり補償契約は子会社が結ぶべきというアドバイスをする方がよいのではないか、そこがストックオプションと違うということにもなり得る話かと思われます。

　武井　なるほど。ちなみに D&O 保険で親会社がすべてカバーしているという点についても、このような議論になっていくのでしょうか。

　神田　D&O 保険は、あるリスクについて保険事故が起き、保険金として受領するわけですので、親会社を契約者としてグループ全体のどこで何が起きても自分が受け得るリスクをカバーするという整理なのではないかと思います。補償の場合は D&O 保険との比喩でも言えなくはないですが、むしろストックオプションとの比喩のほうがよいと思います。本当はストックオプションの場合の説明もどの辺りに線があるのか、常に有利発行なのかという点はよく分からないところではありますが。

九　結び：日本における会社補償契約制度の健全な進展のために

　武井　ありがとうございます。長時間にわたりまして本当に有益な議論・ご指摘をいただきまして誠にありがとうございました。最後に神田先生から会社補償契約制度について総論的なお話をいただけますでしょうか。

　神田　この制度を利用するかどうかはそれぞれの企業の置かれている事業内容や活動地域等の色々な中で決まることなので、各企業の選択だとは思い

ます。ただ、我々の研究会では、令和元年度改正会社法で制度が導入される前から、必要な場合には会社補償契約制度を使うことがよいのではないかと述べてきており、その姿勢に変わりはないと思います。このため、今回武井先生が冒頭に仰ったことですけれども、法改正があってそれを受けて実務指針を改訂しているわけですから、やはり我々の姿勢としては、こういう制度はうまく使えるならうまく使ったほうがよいということです。その辺りをそれぞれの企業でお考えになって、前向きに受け止めて頂けるとよいのではないかと思います。ありがとうございました。

　武井　ありがとうございます。まさにそういうことだと思いますので、日本における会社補償契約制度の健全な進展のために、今後とも引き続き研究を続けていければと思います。本日はありがとうございました。　　　　（了）

第4章

会社補償をめぐる実務上の諸論点
——欧米企業とのイコールフッティングの観点を踏まえて

［2017 年収録］

 会社補償の意義と「会社補償実務指針」の背景

　武井　ではこのたび会社補償実務研究会から公表された会社補償指針案についての座談会を開催します。

　「会社補償」とは、会社が、役員に対し、役員の地位又は職務執行に関連して損害賠償請求等の民事的請求、行政調査、刑事訴追等（本指針案及び本稿において「請求等」という）に関連する損害賠償責任額や争訟費用等を補償することをいいます。

　企業の活動範囲が広がる中で役員個人が民事的請求、行政調査、刑事訴追等からの防御が求められるリスクは無視できないものとなりつつあります。会社の持続的成長と中長期的な企業価値向上を図るいわゆる攻めのガバナンスの強化に向けた環境整備が進展する中、企業経営者が過度にリスク回避的になることなく攻めの経営判断を進めていく適切なインセンティブを付与するという観点からも、このようなリスクへの対応としての会社補償の意義が認識されつつあります。さらには日本企業が海外市場に経済成長の礎を求めつつある中、海外の有能な経営人材を採用・リテインするためには、欧米企業が通常提供している会社補償を日本企業も提供できる必要があります。

　経済産業省コーポレート・ガバナンス・システムの在り方に関する研究会

の 2015 年 7 月 24 日付「法的論点に関する解釈指針」（**会社法解釈指針**）においても、現行法の下で会社補償が認められることが示されています（〔**図表1**〕）。会社法解釈指針公表前から、役員のリスク軽減の観点で、実質的に会社補償やそれと同等の効果を有する取組みを行っている企業も存在しています。

　会社補償については、実体的要件や手続に関し検討すべき論点も多く、同じく会社法解釈指針で示された D&O 保険の保険料全額負担に比べると、具体的な取組みが遅れている面があります。

　そこでこのたび、学界と実務界の有志によって会社補償実務研究会が立ち上げられ、現行法下で会社補償を行う場合における実務上の考え方等を整理するため、会社補償実務指針（案）（以下、本章において**本指針案**）が策定されました。本指針案は、西村あさひ法律事務所のウェブサイト（https://www.jurists.co.jp/ja/news/13650.html）に公表されています。

　なお平成 29 年 2 月に法制審議会で諮問された会社法制（企業統治関係）の見直しにおいても、会社補償が検討課題になっていますが、本指針案はあくまで現行法下における解釈をもとに作成されたものです。

　また本日の座談会も、立法論についてではなく、あくまで現行法における解釈論として議論したいと思っています。

⑴　「会社補償」とは何か

　武井　最初にまず、本指針案の背景的なところから説明していきましょう。松本さんから説明をお願いします。

　松本　先ほど武井さんから頭出しのご説明がありましたが、本指針案が策定された背景として、経済産業省のコーポレート・ガバナンス・システムの在り方に関する研究会の下で様々な議論がなされ、2015 年 7 月 24 日付で報告書が公表されています。この報告書の「法的論点に関する解釈指針」（会社法解釈指針）において会社補償についても触れられており、一定の範囲で一定の要件を満たせば現行法の下でも会社補償が認められると提言されています。

　会社法解釈指針では、適法性及び合理性を担保する視点として、インセンティブとしての機能と、会社補償の決定手続において構造的に利益相反類似の関係にあることを考慮することが重要であると指摘されています。具体的な手続としては、①事前の補償契約の締結、②補償契約締結手続については、(i)利益相反の観点からの取締役会決議、及び(ii)社外取締役の関与として、社外取締役が過半数の構成員である任意の委員会の同意又は社外取締役全員の同意を得る必要があるとされています。③補償の要件としては、職務を行うについて悪意又は重過失がないことを要件とすべきではないかという指摘がなされています。④会社補償の対象は、(i)第三者に対する損害賠償金、及び(ii)争訟費用であることをが前提とされています。

〔図表1〕　2015年7月24日付会社法解釈指針（経済産業省）

3. 会社補償 (1) 検討の視点 　　○　会社補償とは、役員が損害賠償責任を追及された場合に、会社が当該損害賠償責任額や争訟費用を補償することである。 　　○　会社補償は、一定の範囲で一定の要件を満たせば（下記(2)）、現行法のもとでも認められる。 　　○　適法性及び合理性を担保する視点として、上記インセンティブとしての機能と決定手続において構造的に利益相反類似の関係にあることを考慮することが重要である。 　ア　インセンティブとしての機能 　　○　適切な補償条件の設定により、リスクが適切に軽減され、憂い無く職務執行することが可能となるから、会社補償は職務執行のインセンティブに影響する。インセンティブとしての機能の観点から、社外取締役が監督①を行い、適法性や合理性を確保することができる。 　　○　また、過大な補償により、違法抑止機能が減殺されることは、インセンティブの機能の観点からも適切でない場合がある。このため、補償の要件や対象等は、違法抑止機能が減殺されないよう、適切に設定されるべきである。 　　○　この点に関して[17]、故意により任務を怠った場合は、職務執行から生じる不可避的なリスクとは言えないため、補償の対象から除外すべきである。また、任務を怠ったことに重過失がある場合も、故意に準じた

　　　　　場合として、補償の対象から除外することも考えられる。
　イ　決定手続における構造的な利益相反類似の関係
　　○　役員が会社財産に対して実質的に求償する関係にあることから、決定
　　　手続に構造的な利益相反類似の関係がある。
　　○　こうした関係にあることから生じ得る懸念を解消するため、取締役会
　　　決議を得ておくことが考えられる[18]。
　　○　さらに、社外取締役が監督②を行い、適法性や合理性を確保すること
　　　ができる。

(2)　考えられる手続等
　○　上記(1)を踏まえて、例えば[19]、以下の内容を満たすものについては、現行
　　法においても、適法に会社補償ができる[20]。
　ア　事前の補償契約の締結
　　○　事前に会社と役員との間で補償契約を締結し、その内容に従って補償
　　　する。
　イ　補償契約締結の手続[21]
　　(ア)　利益相反の観点からの取締役会決議
　　(イ)　社外取締役の関与[22]（以下のいずれか）
　　　①　社外取締役が過半数の構成員である任意の委員会の同意を得ること
　　　②　社外取締役全員の同意を得ること
　ウ　補償の要件
　　○　職務を行うについて悪意又は重過失がないことを補償の要件とする
　エ　補償の対象
　　○　職務の執行に関する以下のものを対象とすること
　　　①　第三者に対する[23]損害賠償金
　　　②　争訟費用[24]（民事上、行政上又は刑事上の手続において当事者等とな
　　　　ったことにより負担する費用）
　オ　補償の実行について
　　以下のいずれかの方法による。
　　●　義務的補償：補償契約で定めた要件を満たした場合には、補償しなけ
　　　ればならない。
　　●　任意的補償：補償契約で定めた要件を満たした場合には、補償契約の
　　　締結と同様の手続で、別途補償するか否かの判断[25]を行う。

17　下記(2)ウ「補償の要件」参照。
18　注21に記載のとおり、補償すること等は職務執行のための費用の支給であるため、法律上
　　の利益相反取引の承認（会社法365条、会社法356条）は必要ないと考えることもできるが、
　　利益相反類似の関係にあることから生じ得る懸念に対応する必要があることを考慮して、取

締役会決議による承認を得ておくことが考えられる。

19　適法に行うことができる手続の一例を示したものであり、その他の手続について述べるものではない。

20　「受任者は、委任事務を処理するため自己に過失なく損害を受けたときは、委任者に対し、その賠償を請求することができる」（民法 650 条 3 項）ことから、役員に「過失」の無い場合の争訟費用等は、会社が支払わなければならない（会社法 330 条）。本文の記載は、民法 650 条 3 項に基づき補償しなくてもよい場合について述べたものである。

21　報酬に関する株主総会決議（会社法 361 条 1 項）を得る必要はない。

仮に、補償契約を締結することや補償契約にしたがって補償することが報酬（会社法 361 条 1 項の「報酬等」）に該当する場合、株主総会の決議（会社法 361 条 1 項）が必要となる。他方で、職務執行のための費用として相当な額の支給は報酬に該当せず、民法の規定により支給が義務付けられる費用でなくても、株主総会の決議（会社法 361 条 1 項）を経ることなく支給することができる。

　報酬と費用のいずれに該当するかは、①職務との関連性、②職務執行のための必要性、③取締役が職務を離れて私的な便益を受けているかを総合考慮して、判断すべきである。

　本文に記載した範囲で認められる会社補償は、職務執行に関するもののみ補償の対象としていること（(2)エ）、職務を行うについて悪意又は重過失がないことを要件としていること（(2)ウ）から、①補償の対象は職務との関連性があるものに限定されており、②職務執行に際して役員個人に不可避的に生じてしまうリスクを補償するものであるから、適切なリスクをとりつつ会社の利益を生み出す職務執行を行わせる観点から必要性があり、③職務を離れて私的な便益を受けることはないと言える。

　したがって、報酬に関する株主総会の決議（会社法 361 条 1 項）は必要ない。

22　社外取締役の関与は、監督②（利益相反の監督）に限らず、監督①（インセンティブ付けによる監督）の観点からも求められるものである。

23　会社に対する責任は、会社法上の責任減免規定（会社法 424 条から 427 条まで等）があるため、対象としない。

24　争訟費用については、会社に対する責任に関する場合も含む。

25　補償の判断を行う場合においても、社外取締役の関与は、監督②（利益相反の監督）に限らず、監督①（インセンティブ付けによる監督）の観点からも求められるものである。

⑵　国際的イコールフッティングの確保の重要性——海外子会社へのマネジメント等の「攻めのガバナンス」を支える外国人材の確保の要請

武井　会社補償は、今の多くの日本企業が直面している攻めのガバナンスを支える環境として、他の国の企業とのイコールフッティングという視点がまず重要な点となります。

日本企業の多くが、自社の成長のため、海外に市場を求めて進出をしています。こうした海外進出には当然、海外子会社など海外事業に対するマネジメントがきわめて重要となってきます。

　そして適正なマネジメントを行うためには、現実問題として、海外の有能な人材をリテインできる必要があります。しかし現地では、日本企業は外資企業でもありますし、他の国の企業達と人材獲得の競争をしているわけですね。そうした人材獲得競争の中で、他の国の企業が役員に対して提供できる補償環境よりも日本企業が劣っていると、それは日本企業にとって大きなハンディになるわけです。

　海外から成長のチャンスをつかんで日本企業が成長できるためには、多種多様なリスクに対処していく必要があります。それはそうした多様なリスクに対処できる人材の多様性、海外人材も含めた人材の多様性が重要となっているわけです。

　そこで、まさに欧米の企業が通常提供できている会社補償の環境を、日本企業も役員人材に提供できるようにしておくイコールフッティングは、日本企業の攻めのガバナンスを支える重要事項となっているわけです。

　会社補償の要請について、皆さんからも適宜補足をお願いします。

(3)　役員の個人責任のリスクの高まり

　中山　会社補償ということが問題となってきた背景として、役員の個人リスクが近年とみに高まってきたということも挙げられようかと思います。

　1つは企業活動が複雑化、クロスボーダー化することによって、今までの国内の活動ということでは考えられないリスクに役員がさらされるようになっていっています。その代表的な例の1つが、国際カルテルにおいて各国の当局から個人責任が追及される場面です。現に近年でも、日本の企業の役員が、米国でカルテルの嫌疑に問われ、罪を認めて服役するという事案もあり、こうした個人的な責任を問われるリスクが非常に大きくなっています。あるいは、環境や労働環境など社会問題解決を目指した訴訟が増加する中で、本来は会社がターゲットになるべきもののところ、会社よりも役員個人をターゲットとした方がその効果が高いという戦略的な理由から、役員個人を被告とするような訴訟も出てきています。また、近年高まりつつある企業スキャンダルでも、この面も最終的には役員の個人リスクに繋がることがあ

ります。

　今の説明にあったような役員個人に対する一定の請求を、本指針案では「請求等」という言葉を使っており、英語に訳すと「Claim」という言葉になると思いますが、役員個人に向けていろいろな矢羽根が立ってくる場合を指します。

　つまり、役員は元々、会社のために委任契約において仕事をしている中で、会社のために、会社から頼まれて仕事をしているというときに、役員個人がいろいろな個人のクレーム（Claim）のエクスポージャー（exposure）を全部受けるというのが果たして適切なのかという問題意識が欧米では従前からあります。

　日本ではこれまでそのような問題意識は高くなかったものの、現代においてはグローバル化、つまり会社の経済活動がグローバルに広がっているとか、グローバルな事業活動をしているという面もあるし、グローバルに人を採用しなければならないという面もある中で、日本だけが独自の考え方を維持するというよりは、そのようなグローバルへの目線を合わせた実務が必要なのではないかという動きがありました。このような背景があって、経済産業省では 2015 年に会社法解釈指針がまとめられ、それをベースに会社補償をどうしていくべきかという実務が求められている状況です。本指針案は、そのような中で会社の補償実務を考えるにあたっての考え方を整理したものだということになります。

(4)　補償実務現場における時系列の視点の重要性

　武井　実際の実務において会社補償が問題となったときには、損害や費用が発生しているところ、民法の規定などでは損害・費用が並列的に並んでいます。一方で、時系列の観点を含んだ実務で見ると必ずしもそのように並列的に検討される話ではないようですね。補償の実務において重要となる時系列の視点について中山さんからお願いします。

　中山　今、武井さんがお話になった時系列の観点ですが、個人責任に関連する特徴として留意すべきなのが、最終解決までに非常に時間がかかるとい

う点です。

　例えば、国際カルテルの調査等では、手続が開始してから最終判断が下るまで数年間かかるのが通常です。その間に多様な費用が発生するわけですが、とりわけ防禦費用に関しては、海外の当局からの調査等の対応費用として、海外の弁護士に支払う費用のみならず、海外への渡航費用や、あるいは各種の資料の整理準備等の費用がかかり、これらが非常に多額にのぼることがあります。

　こうした防禦対応にどれだけの費用がかかるかという点は、必ずしも最終的に役員に責任があるかということとはリンクしていません。つまり最終的に調査の結果、役員に責任がないと認められても、実際にはそこに至るまでに極めて膨大な防禦対応活動をしなくてはいけないということが起こり得ます。そうしたことから言いますと、このような最終的な判断の内容にかかわらず、個人の資力を超えた防禦対応費用のリスクを抱えるということになりますと、役員個人としては役員になること自体によって大きな経済的リスクを抱えるという事態が生じることになります。

　武井　時系列の視点からすると、まず先に費用が発生し、最後に損害が確定するわけです。

　中山　その意味で、最終的に責任を負担するかどうか以上に、こうした役員となることそのものによって巻き込まれるかもしれない手続の防禦対応費用の負担に対する不安から、役員を解放することは非常に大きな意味を有することとなります。

　武井　そうすると、個人の防禦の費用が色々とかかるわけですが、きちんと防禦をすることが会社の利益に適う場合が相当程度あることとなりますね。

(5)　個人責任リスクと会社の利益との適正バランスを図る重要性

　中山　こうした費用や最終的な損害の補償をするということは、もちろん役員個人にとって望ましいことですが、個人の利益に適うというだけではなくて、こうした個人責任リスクを低減することが会社の利益に適う場合も多

いと考えています。

　1つは、このような当局への対応として、個人である役員が適切に防禦対応することは、最終的な会社へのダメージというものをコントロールするのに非常に有用な場合があります。具体的には、当局による調査にきちんと協力することで、罰金の減免等を受けていく、これは企業にとって、場合によっては数十億円単位でのメリットをもたらす場合もあります。次の観点としましては、リスクを伴う経営判断が損失の発生等につながった場合には、後で訴訟を提起されて、その防禦対応のために多額の経済的な負担を負ってしまうということになりますと、役員は、そもそも君子危うきに近づかずといいますか、そのようなリスクのある経営自体を回避することとなる可能性があります。その意味では、企業活動というのは本来リスクをとってそれに対するリターンを得る活動ですから、いたずらにリスクを避ける方向に役員が判断を偏らせることは、企業ひいては株主の利益にならないということになります。

　武井　今の取締役ないし役員のリスク回避的な判断の箇所が、まさに最近指摘される「攻めのガバナンス」ということをさらに支える1つの環境として、政府でも会社法解釈指針を出して今回の会社補償を支えているところであります。

　中山　優秀な人材を日本のみならず海外からも登用していくという観点では、こうしたリスクをきちんととれる環境の下で役員を迎えていくということが、人材確保の競争力の点でも重要であり、これは会社の利益に適うということになる場合が多いということが言えるかと思います。

　武井　特に多くの日本企業が様々な部分においてグローバルに成長をしていくというときに、競争者には日本の会社だけではなく海外の他の会社も含まれていることとなります。そのような海外の他の会社と優秀な人材の取り合いをしているのに、他の国の会社はきちんとした役員への補償が整っていて、日本はこれが整っていない場合において、日本の会社が、これが日本流だ、お前ら黙って働けということだと、優秀な人材は集まりません。

　そのため、このような会社補償の環境については、欧米の企業ができてい

るのと同じ環境を日本企業も備えていく必要があり、備えられるような制度を考えていくという、まさに level playing field の考え方の観点からも、こういった補償の環境整備が重要になってきているということになります。このような観点から、今回の本指針案がまとめられましたが、今回の会社補償の基本的な位置付けに関して中山さんからお願いします。

中山　今、武井さんからもご説明がありましたように、まさにこれは昨今話題になっています、企業経営者が過度にリスク回避的となることなく、攻めの経営判断を進めていく適切なインセンティブの付与のための多様な仕組みの 1 つと考えられます。他にも D&O 保険や責任制限、免除といった制度もありますが、その中でもこの会社補償というものがやはり 1 つの攻めの経営に向けて非常に重要な方策となるものだと考えています。

また、今ご説明しましたように、やはり過度の個人責任リスクというものによる役員の会社の経営に対する萎縮効果、あるいは優秀な人材の確保に支障を生じるという悪影響を緩和するという意味でも、会社補償を適切に設計することは会社の利益に資するものとして重要な意味を持つものだと考えられます。

⑹　本指針案の全体構成

武井　次に、今回の本指針案の具体的構成に入ります。

松本　現行法の下における事前の「補償契約」に基づく会社補償に関する実務上の考え方の整理ということで、この度、本指針案を策定しました。実体的整理としては、現行法上は民法の委任に関する規定において費用や損害金の補償に関する規定があるところではありますが、この民法の委任の規定との関係をどう整理するべきなのか、及び手続的整理としては、会社法上どのような手続が必要かという観点から、現行法上どのような整理をするべきなのかというところをポイントとして検討しています。また、本指針案においては、先ほどの攻めの経営判断を進めていくインセンティブや level playing field ということに関連して、諸外国の会社補償の制度とのバランスという観点からも検討しています。

　武井　本指針案でも具体的には第1の四の「会社補償に関する欧米の実務状況（概要）」で書いていますが、今回の我々の研究会では、欧米の実際の補償の法制及び実務がおおよそどのように動いているのかということを多角的な観点から分析を行いました。

 ## 欧米の役員の就任環境とのイコールフッティング

⑴　広範な会社補償が認められている米国の状況

　武井　会社補償に関しては、いろいろな意味で一番議論が進んでおり、歴史が深いのがやはりアメリカですので、アメリカの会社補償制度の状況を学ぶことは日本の会社補償の状況を分析する場合にも重要だと思います。そこで、ここでは中心的にアメリカの会社補償制度についてご紹介したいと思います。

　松本　アメリカの会社補償制度の状況としましては、一番有名なのはデラウェア一般会社法（Delaware General Corporation Law）と呼ばれるデラウェア州の会社法の規定ですが、ここでは DGCL145 条において会社補償について明示的に規定されています。

　DGCL 上は、会社が会社補償することができるという、できる規定になっておりまして、必ずしも役員が補償を受ける権利を規定しているものではありません。

　また、DGCL の規定に加えて、付属定款、いわゆる by laws、もしくは個別契約である補償契約において会社補償の範囲を拡張するという実務も広く行われております。この会社補償の範囲の拡張は公序等に反しない限り認められると解されており、付属定款又は補償契約において別途拡張する規定を置いている企業が多いと考えられます。

　この付属定款又は契約による会社補償としては、例えば、DGCL 上は「できる」としており権利を規定しているものではないのですが、役員保護の観点から、役員が補償を受ける権利を有している、会社側からみると会社が補償する義務があるという形で定められていることも多いようです。

　武井　経済産業省の会社法解釈指針でも、会社補償の内容として、任意的補償と義務的補償という 2 つの整理があり、どちらかを選択できるとされていますが、DGCL145 条では "A corporation shall have power to indemnify" と規定されている箇所もあり会社が補償できるという任意補償のような条文の規定ぶりとなっているのに対して、実際のアメリカの企業の付属定款や契約などを見ると、義務的補償という形で書かれているものも多いということですね。

　松本　そうですね。DGCL の規定をそのまま引用しているだけの会社もあるのですが、一般的には義務的補償という形にして役員の保護を強めている場合が多いのではないかと思います。

　武井　役員の保護を強めているということと、義務的補償として規定しておく方が補償が支払われることが明確化されており事後的に紛争が起こることが少ないため、実際の実務では義務的補償で対応している領域が意外と広いことが、アメリカの実務から分かるということですね。

(2)　**米国の状況(1)——実体的要件：役員誠実行為要件**

　松本　会社補償が適用される実体的な要件としましては、まず、我々は役員誠実行為要件と呼んでいるのですが、英語では〔**図表 2**〕のとおり、"acted in good faith and in a manner the person reasonably believed to be in or not opposed to the best interests of the corporation, and, with respect to any criminal action or proceeding, had no reasonable cause to believe the person's conduct was unlawful" と規定されています。

〔図表2〕　**会社補償に関する米国会社法の規定（DGCL145条）**

米国デラウェア州会社法
§145 Indemnification of officers, directors, employees and agents; insurance
(a)　会社補償（対第三者責任）

A corporation shall have power to indemnify any person who was or is a party or is threatened to be made a party to any threatened, pending or completed action, suit or proceeding, whether civil, criminal, administrative or investigative (other than an action by or in the right of the corporation) by reason of the fact that the person is or was a director, officer, employee or agent of the corporation, or is or was serving at the request of the corporation as a director, officer, employee or agent of another corporation, partnership, joint venture, trust or other enterprise, against expenses (including attorneys' fees), judgments, fines and amounts paid in settlement actually and reasonably incurred by the person in connection with such action, suit or proceeding if the person acted in good faith and in a manner the person reasonably believed to be in or not opposed to the best interests of the corporation, and, with respect to any criminal action or proceeding, had no reasonable cause to believe the person's conduct was unlawful. The termination of any action, suit or proceeding by judgment, order, settlement, conviction, or upon a plea of nolo contendere or its equivalent, shall not, of itself, create a presumption that the person did not act in good faith and in a manner which the person reasonably believed to be in or not opposed to the best interests of the corporation, and, with respect to any criminal action or proceeding, had reasonable cause to believe that the person's conduct was unlawful.

(b)　会社補償（対会社責任）

A corporation shall have power to indemnify any person who was or is a party or is threatened to be made a party to any threatened, pending or completed action or suit by or in the right of the corporation to procure a judgment in its favor by reason of the fact that the person is or was a director, officer, employee or agent of the corporation, or is or was serving at the request of the corporation as a director, officer, employee or agent of another corporation, partnership, joint venture, trust or other enterprise against expenses (including attorneys' fees) actually and reasonably incurred by the person in connection with the defense or settlement of such action or suit if the person acted in good faith and in a manner the person reasonably believed to be in or not opposed to the best interests of the corporation and except that no indemnification shall be made in respect of any claim, issue or matter as to which such person shall have been adjudged to be liable to the corporation unless and only to the extent that the Court of Chancery or the court in which such action or suit was brought shall determine upon application that, despite the adjudication of liability but in view of all the circumstances of the case, such person is fairly and reasonably entitled to indemnity for such expenses which the Court of Chancery or such other court shall deem proper.

(c)　費用補償の強制

To the extent that a present or former director or officer of a corporation has been successful on the merits or otherwise in defense of any action, suit or proceeding referred to in subsections (a) and (b) of this section, or in defense of any claim, issue or matter therein, such person shall be indemnified against expenses (including attorneys' fees) actually and reasonably incurred by such person in connection therewith.

(d)　補償実施決定の手続

Any indemnification under subsections (a) and (b) of this section (unless ordered by a court) shall be made by the corporation only as authorized in the specific case upon a determination that indemnification of the present or former director, officer, employee or agent is proper in the circumstances because the person has met the applicable standard of conduct set forth in subsections (a) and (b) of this section. Such determination shall be made, with respect to a person who is a director or officer of the corporation at the time of such determination:

(1) By a majority vote of the directors who are not parties to such action, suit or proceeding, even though less than a quorum; or
(2) By a committee of such directors designated by majority vote of such directors, even though less than a quorum; or
(3) If there are no such directors, or if such directors so direct, by independent legal counsel in a written opinion; or
(4) By the stockholders.

(e)　費用の前払い

Expenses (including attorneys' fees) incurred by an officer or director of the corporation in defending any civil, criminal, administrative or investigative action, suit or proceeding may be paid by the corporation in advance of the final disposition of such action, suit or proceeding upon receipt of an undertaking by or on behalf of such director or officer to repay such amount if it shall ultimately be determined that such person is not entitled to be indemnified by the corporation as authorized in this section. Such expenses (including attorneys' fees) incurred by former directors and officers or other employees and agents of the corporation or by persons serving at the request of the corporation as directors, officers, employees or agents of another corporation, partnership, joint venture, trust or other enterprise may be so paid upon such terms and conditions, if any, as the corporation deems appropriate.

(f)　他の権利との関係

The indemnification and advancement of expenses provided by, or granted pursuant to, the other subsections of this section shall not be deemed exclusive of any other rights to which those seeking indemnification or advancement of expenses may be entitled under any bylaw, agreement, vote of stockholders or disinterested directors or otherwise, both as to action in such person's official capacity and as to action in another capacity while holding such office. A right to indemnification or to advancement of expenses arising under a provision of the certificate of incorporation or a bylaw shall not be eliminated or impaired by an amendment to the certificate of incorporation or the bylaws after the occurrence of the act or omission that is the subject of the civil, criminal, administrative or investigative action, suit or proceeding for which indemnification or advancement of expenses is sought, unless the provision in effect at the time of such act or omission explicitly authorizes such elimination or impairment after such action or omission has occurred.

(g)　会社の D&O 保険購入

A corporation shall have power to purchase and maintain insurance on behalf of any person who is or was a director, officer, employee or agent of the corporation, or is or was serving at the request of the corporation as a director, officer, employee or agent of another corporation, partnership, joint venture, trust or other enterprise against any liability asserted against such person and incurred by such person in any such capacity, or arising out of such person's status as such, whether or not the corporation would have the power to indemnify such person against such liability under this section.

(h) 「会社」の定義

For purposes of this section, references to "the corporation" shall include, in addition to the resulting corporation, any constituent corporation (including any constituent of a constituent) absorbed in a consolidation or merger which, if its separate existence had continued, would have had power and authority to indemnify its directors, officers, and employees or agents, so that any person who is or was a director, officer, employee or agent of such constituent corporation, or is or was serving at the request of such constituent corporation as a director, officer, employee or agent of another corporation, partnership, joint venture, trust or other enterprise, shall stand in the same position under this section with respect to the resulting or surviving corporation as such person would have with respect to such constituent corporation if its separate existence had continued.

(i) 「他の企業」の定義

For purposes of this section, references to "other enterprises" shall include employee benefit plans; references to "fines" shall include any excise taxes assessed on a person with respect to any employee benefit plan; and references to "serving at the request of the corporation" shall include any service as a director, officer, employee or agent of the corporation which imposes duties on, or involves services by, such director, officer, employee or agent with respect to an employee benefit plan, its participants or beneficiaries; and a person who acted in good faith and in a manner such person reasonably believed to be in the interest of the participants and beneficiaries of an employee benefit plan shall be deemed to have acted in a manner "not opposed to the best interests of the corporation" as referred to in this section.

(j) 退任・死亡後の継続

The indemnification and advancement of expenses provided by, or granted pursuant to, this section shall, unless otherwise provided when authorized or ratified, continue as to a person who has ceased to be a director, officer, employee or agent and shall inure to the benefit of the heirs, executors and administrators of such a person.

(k)　専属管轄

The Court of Chancery is hereby vested with exclusive jurisdiction to hear and determine all actions for advancement of expenses or indemnification brought under this section or under any bylaw, agreement, vote of stockholders or disinterested directors, or otherwise. The Court of Chancery may summarily determine a corporation's obligation to advance expenses (including attorneys' fees).

　松本　役員誠実行為要件として、①誠実に行為をしたこと、②会社の最善の利益となる又はそれに反しないと当該役員が合理的に信じた方法で行為したこと、③刑事手続に関しては、上記①②に加えて行為が違法であると信じる相当な理由を有しなかったこと、のすべてを満たす必要があると規定されています。

　中山　③の要件に関連して、例えば米国では国際カルテル等で個人責任を追及された個人が司法取引等で有罪答弁を行うことが多いのですが、そうした場合には③の要件に引っかかるということなのでしょうか。

　松本　③の要件として、刑事手続に関しては、行為が違法であると信じる相当な理由を有しなかったことが要求されているのですが、有罪判決や不抗争の答弁の事実のみをもって、①②③の役員誠実行為要件を充たさないと推定されるものではないと規定されています（DGCL145 条(a)）。裁判例等においても、司法取引や有罪答弁をしたとしても、そのことによって直ちに会社補償が否定されているわけではありません。

(3)　米国の状況(2)——会社側（独立役員等）が役員誠実行為要件の不充足を争わない限り役員誠実行為要件の充足が契約上推定されている

　武井　この役員誠実行為要件は DGCL に規定されており、一応これは強行規定ですよね。

松本　はい、その通りです。

武井　この役員誠実行為要件の規定は強行規定ではありますが、実際の実務ではどのように運用しているかというところを見ていく必要があります。役員誠実行為要件で要求される in good faith や会社の最善の利益に反しない等の要件は、すべて抽象的、一般的な書き方でしかないため、これを実際どのように考えるかということは、当然判断に幅が出てくるものになります。そのため、これらの条文の字面的には一見正しいし、厳しいことを言っているように見えますが、それが実際どうなのかということをさらに詰めて、補償が実務的にいかにして機能しているのかを検討していく必要があるということですね。

中山　実際には in good faith や最善の利益などを一つ一つ認定するというのは、かなり煩雑な手続のようにも思えるのですが、それは米国では一体どうなっているのでしょうか。

松本　実際に米国において役員誠実行為要件の判断はどのようになされているのかということですが、日本とは違い、アメリカでは実務もかなり蓄積しているので、裁判例が豊富にあるというところが一つあります。また、補償契約等においても役員誠実行為要件を満たす必要があるというところは変えられないのですが、特に反証がない限り、役員誠実行為要件が満たされると推定されるという規定が置かれている場合が多くあります。この場合は、会社側が、役員が役員誠実行為要件を満たしていないのではないかということで敢えて争わない限り、会社補償が義務的に実行されるという形で手続を進めることになるので、実際には、会社が役員誠実行為要件の充足を補償の実行の度に毎回判断しているというわけでもないと考えられます。

中山　補償の審査をするのは、実際には請求自体が役員であること等を理由としているという「by reason of」の場合かどうかということがポイントであって、そこが認められれば先ほどの実体的要件が推定されるわけですね。

松本　例外としましては、例えば裁判所の最終判断において bad faith に基づくものであったと認定された場合、つまり役員誠実行為要件がないとい

うことが最終判断として確定した場合については、会社補償が許されず、役員誠実行為要件が充足しているとの推定も働かないと考えられます。

　また、先ほど推定のところでも申し上げたように、会社側が役員誠実行為要件を争おうとする場合については、我々が米国補償決定手続と呼んでいる判断プロセスに基づいて、会社側がこの役員誠実行為要件が満たされていないということを反証することによって会社補償を実行しないということになります。

　武井　今の話は、デラウェアの会社法の条文だけを見ていても見えてこない世界ですね。

　中山　裁判所が最終判断において bad faith であったと判断する場合とあるのですが、米国の裁判所ではこの bad faith というのを独立に判断するという枠組みはあるのでしょうかね。

　松本　裁判例等[1]でも、判決において意図的な不正行為（deliberate dishonesty）や bad faith の判断を必然的に含む場合は法律問題として補償の対象から除外されている旨示されていることからすれば、独立に判断しているわけではないものと思われますが、日本とそもそも前提としている裁判の判断の枠組みというのは違うかもしれません。

　武井　日本でも過失という構成要件の場合が多く、それが重過失なのか軽過失なのかについてまで判決で判示されないことが多いですからね。今の話の絡みで、米国の補償決定の手続についての説明をお願いします。

　松本　役員誠実行為要件が満たされているかどうかという点で、会社補償を実行するかどうかの決定手続についてご説明します（**〔図表 3〕**）。

　まず、会社側が会社補償を拒否しようとする場合には、先ほど申し上げたようにこの米国補償決定手続のプロセスを通る必要があると考えられます。

　これに対して、補償契約上は、会社側が、役員が請求してきたのに従って会社補償を履行しようとする場合には、必ずしもこのような手続のプロセスをとらなくても良いという建付けにされている場合が多く見られます。

---

[1]　Pilipiak v. Keyes, 286 A. D. 2d 231（2001）参照。

　会社が会社補償をするか否かという決定手続に関しては、DGCL上4つの手続が設けられています。①訴訟等の当事者ではない取締役の過半数、②訴訟等の当事者ではない取締役のうちその過半数で指名された取締役で構成された委員会、③これらの取締役がいない場合もしくはこれらの取締役がその旨指示した場合には独立法務顧問による意見書、④株主、のいずれかによる判断で行われる必要があります。ただ実際の会社補償契約においては、④の株主の判断をオプションとして残している場合はあまり多くなく、今申し上げた①から③の訴訟等の当事者ではない取締役の判断、もしくは独立法務顧問による意見書の中から選択できるような形に設定されている場合が多いようです。会社が一定の期間内に米国補償決定手続に付さない場合には会社補償が決定されたものとみなされるという規定が置かれている場合が多く、会社側が積極的に会社補償を実行しようとする場合には、このみなし規定によって会社補償を行うことができることになります。

〔図表3〕　米国法上の会社補償実施決定の手続（DGCL§145条(d)項。再掲）

米国デラウェア州会社法

§145 Indemnification of officers, directors, employees and agents; insurance

(d)　補償実施決定の手続

　Any indemnification under subsections (a) and (b) of this section (unless ordered by a court) shall be made by the corporation only as authorized in the specific case upon a determination that indemnification of the present or former director, officer, employee or agent is proper in the circumstances because the person has met the applicable standard of conduct set forth in subsections (a) and (b) of this section. Such determination shall be made, with respect to a person who is a director or officer of the corporation at the time of such determination:

(1)　By a majority vote of the directors who are not parties to such action, suit or proceeding, even though less than a quorum; or

> (2)　By a committee of such directors designated by majority vote of such directors, even though less than a quorum; or
> (3)　If there are no such directors, or if such directors so direct, by independent legal counsel in a written opinion; or
> (4)　By the stockholders.

松本　義務的補償であっても、役員誠実行為要件という抽象的な要件があって、これを会社が争おうとすれば争うことができますが、会社がこれを争わない限りは、そのまま義務的補償がトリガーされて、役員に対し会社補償がなされるという建付けとする規定が実務では見られるということです。

　具体的には、この役員誠実行為要件の推定が働かないのは、裁判所が bad faith だと認めた場合ですが、そうではないときにも、会社が敢えてこの事案で役員誠実行為要件を満たしていないのではないかと思ったときには、米国補償決定手続を経て補償を拒もうとする場合があります。しかし、このような場合であってもさらに、会社が一定期間内に米国補償決定手続に付さなければ会社補償が認められ、役員に対し補償する義務が生じます。

　結局、この役員誠実行為要件というのがかなり抽象的なもので、先ほど中山さんからもご質問いただいたように、司法取引で役員が有罪答弁をしても、役員誠実行為要件を満たさないことにはならず、また、補償契約に前述のようないろいろな推定規定を入れているため、会社がかなり積極的に補償したくないという状況にならない限り、役員はかなりの高い確率で補償を受けられる仕組みになっているようです。

　罰金に関しては後でお話しますが、役員の損害についてはこのような状況になっているところ、損害は時系列の中でも、かなり最後の方で出てくるものになります。しかもこれは判決などで役員個人に対して命じられているため、役員から会社に対して損害を補償してほしいとアクションを起こしていくという話になるわけです。

　他方で争訟費用は時系列の流れが根本的に違ってくることになります。

⑷　争訟費用等に対する幅広い補償

　松本　争訟費用等につきましては、訴訟を提起された、もしくはその前の段階から随時発生することになりますので、争訟費用等の発生の都度、前払いを受けられることが役員の経済的負担の観点からは非常に重要になると考えられます。先ほどの役員誠実行為要件の判断は、賠償義務等が確定するなどの最終判断がなされたタイミングで行われますので、争訟費用等の前払いの段階では、まだ役員誠実行為要件について確定的な判断がなされていないということになります。そのため、役員であること等を理由としていると判断できる場合には、役員誠実行為要件充足の有無を問わず、争訟費用等は前払いとして支払われることになります。ただし、最終的に役員誠実行為要件を充足しないと判断された場合には前払いされた費用を返還する旨の確約書の差入れが DGCL 上の要件とされていますので、このような確約書の差入れを実際に行うことになります。〔**図表 4**〕の 145 条 e 項をご覧ください。

〔図表4〕　費用の前払規定（DGCL145条(e)項。再掲）

米国デラウェア州会社法

§ 145 Indemnification of officers, directors, employees and agents; insurance

(e)　費用の前払い

　Expenses (including attorneys' fees) incurred by an officer or director of the corporation in defending any civil, criminal, administrative or investigative action, suit or proceeding may be paid by the corporation in advance of the final disposition of such action, suit or proceeding upon receipt of an undertaking by or on behalf of such director or officer to repay such amount if it shall ultimately be determined that such person is not entitled to be indemnified by the corporation as authorized in this section. Such expenses (including attorneys' fees) incurred by former directors and officers or other employees and agents of the corporation or by persons serving at the request of the corporation as directors, officers, employees or agents of another corporation, partnership, joint venture, trust or other enterprise may be so

---

> paid upon such terms and conditions, if any, as the corporation deems appropriate.

　松本　DGCL の規定では、争訟費用等の前払いの要件として undertaking の差入れが必要だと規定されています。最終的に補償を受ける権利がないと判断された場合には返金する旨の undertaking を差し入れることが要件とされています。

　DGCL においては、争訟費用等前払いの請求者が officer 又は director であり、訴訟等において防禦する立場にある場合には、先ほど述べたような undertaking を差し入れることのみを要件として前払いを受けることができるという規定ぶりになっています。英語では、"Expenses …… may be paid by the corporation …… upon receipt of an undertaking" です。DGCL 上は任意的な前払いの建付けになっています。その上で、会社補償契約においてそれが前払いする義務を負うという建付け、つまり役員の権利を強化する形でアレンジされていることが多いようです。

⑸　米国における主な補償方針及び補償契約の内容
　武井　モデル補償契約など実務で使われている補償契約があるわけですが、DGCL の規定だけではよく分からない、アメリカは実務がよく進展しているなというポイントがいくつかありますね。

　松本　モデル補償契約として我々が検討したものにつきましては（〔**図表5**〕）、まず制定法上認められる最大限の範囲という形で、DGCL 上認められている補償範囲を、さらに法的に可能な範囲で拡大するという方向で補償契約が定められているものが多く見られます。

　また、DGCL 上は任意的補償として会社が会社補償できるという規定なのですが、これを義務的な補償として、会社は会社補償を一定の要件の下でしなければならないという形に強めている補償契約の例が多いです。

　和解の場合におきましては、補償義務が生じる前提として、事前の会社の同意を要件として和解金に関する会社補償を義務付けるという形に定められ

ている補償契約の例が多いです。

　前払費用等につきましては権利を有しないことが終局的に決定される場合は会社に返還しなければならないとされています。この場合は、先ほど申し上げたように、役員から事前に undertaking をとっていますので、役員はこれに従って前払いを受けた費用を会社に返還するということになります。

　補償決定手続につきましては、DGCL 上は先ほど申し上げたように 4 つの手続があるのですが、モデル補償契約において株主による決定という手続は一般的に選択肢として挙げられておらず、取締役の判断や独立の法務顧問の意見書によって進める場合が多く見られます。特に、会社の経営権に移転があったような場合には、原則として独立法務顧問の意見書によるとされているものがあります。

　補償決定手続は、先ほど申し上げたように、会社による補償の判断（役員誠実行為要件を充足しているか否かの判断）が一定期間になされない場合には補償を受ける権利があるとみなすというみなし規定が置かれており、一定期間内になされない場合は会社補償を実行するという建付けになっています。

〔図表5〕　米国の主な補償方針と補償契約の内容(1)

■モデル補償契約の内容と主なポイント
——「制定法上認められる最大限の範囲」で補償範囲を拡大
——任意的補償ではなく義務的補償
——和解の場合における補償義務の前提として、事前の会社の同意を要件とする
——前払費用等は権利を有しないことが終局的に決定される場合は会社に返還
——補償決定手続につき、法定の 4 つの選択肢のうち「株主」は通常用いられていない
——支配権の異動があった場合には、原則として独立法務顧問の意見書による
——補償決定手続が一定期間内になされない場合は、補償を受ける権利ありとみなす

　松本　実際に EDGAR や Web サイト上で開示されている主な会社の補償方針や具体的な補償契約の内容については、概ねモデル補償契約と同様の内

容のものが多いように見受けられます。

EDGAR においては、役員との契約は material contracts として開示対象になると考えられているようで、EDGAR 上に補償契約が添付書類として開示されている会社が多く見られます。具体的な個別の補償契約や補償方針におきましては、先ほどのモデル補償契約と同様に、会社法上の会社補償に上乗せする形で補償の範囲を広げるような規定を置いている場合が多く見られます。

モデル契約で言及したものの他には、例えば役員等が有罪答弁を行った場合には、前払費用の返還をするというような規定を置いている場合であるとか、役員が補償資格を有しないことにつき明示的に会社側に立証責任を負わせるというような規定を置いている場合もあります。

武井 〔図表6〕の「その他の規定例」の「役員等が有罪答弁を行った場合には前払返還をする」と「役員が補償資格を有しないことにつき、明示的に会社側に立証責任を負わせる」というのは、ベクトルが逆のようですね。前者は、有罪答弁を行ったときには訴訟費用を返せとしている事例もあるということですね。後者は逆の方向で、役員誠実行為要件の立証責任をすべて会社が負うというものですね。

〔図表6〕 米国の主な補償方針と補償契約の内容(2)

■実際に開示されている主な会社の補償方針や補償契約の内容
・EDGAR において、役員との契約は「material contracts」として開示対象となる ・モデル補償契約と同様、法定の会社補償に上乗せ的な規定をしている例が多い ・その他の規定例： 　——役員等が有罪答弁を行った場合には前払返還をする 　——役員が補償資格を有しないことにつき、明示的に会社側に立証責任を負わせるなど

(6) **米国における手厚い争訟費用等の前払い**

武井 以上の点を踏まえて、米国における補償手続のフローをまとめたの

〔図表7〕　米国における争訟費用等の前払いのフロー

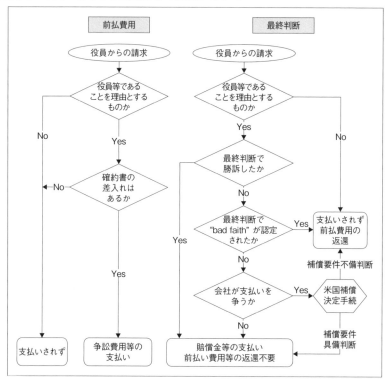

が〔**図表7**〕ですね。

　松本　米国の実務の状況は、まず前払費用に関しましては、役員からの請求があった場合に、役員等であることを理由とするものか、すなわち by reason of の要件がまず判断されます。

　by reason of の要件が満たされていると考えられる場合には、undertaking（確約書）の差入れがあるかないかを確認し、確約書の差入れがある場合には争訟費用等の前払いができるという流れになります。

　他方、by reason of の要件を満たさない場合、つまり役員等であることを

理由とするものではないと判断された場合、もしくは確約書の差入れがされない場合には、争訟費用等の前払いをすることができないということになります。

⑺　損害賠償金等の補償の実務手続

　松本　次に、裁判所等から最終的な判断が出された後においては、損害賠償金について前払いがなされなかった場合の費用についても同様ですが、役員からの請求があった場合に、役員等であることを理由とするものかどうかという同じ要件がまず判断されます。

　この by reason of 要件が満たされた場合には、最終判断で勝訴したかどうかについて判断されます。そして、勝訴した場合には、DGCL 上も義務的な補償が規定されているので、前払費用の返還は不要であり、前払いがなされていない争訟費用等の支払いもなされます。他方で、勝訴しなかった場合につきましては、裁判所が最終判断において bad faith であると認定したかどうかが重要となります。bad faith であると認定された場合には、損害賠償金等の支払いはなされず、前払費用も返還して下さいということになります。

　bad faith とまでは認定されなかった場合においては、会社が、その役員に対して会社補償を行うかどうかという点を争うのかが問題となります。

　会社が会社補償するかどうかを争う場合には、会社において米国補償決定手続というプロセスを経ることになります。会社が補償をするかどうかを争わない場合は、先ほどのみなし規定によって、会社補償をする義務が課されることになりますので、賠償金及び争訟費用等の支払いがなされ、前払費用等の返還も不要ということになります。

　武井　〔**図表7**〕のフローチャートの右と左を見れば分かるように、右側にはいろいろな判断基準がありますが、左側はほとんど判断基準がないので、by reason of さえある程度クリアすれば前払費用は支払われることとなります。

　次に最終判断の段階に行くと、bad faith と判決等で判断されれば、役員

は会社に損害賠償金も負担してもらえないし、前払費用も返さなければいけないわけです。ただ、最終判断まで行かなければ、つまり和解などの形で終わらせることができれば、この bad faith の認定も避けることができます。

その上で、会社がさらにこれはおかしい事案だと思って争うと、今度は米国補償決定手続に回り、その米国補償決定手続の方でこれは補償すべきかどうかの判断がなされ、補償するか否かがこの手続の中で決まるわけです。

こうした点からも、アメリカの場合はかなり DGCL の文面以上に補償されている範囲が広いという実務が形成されているということがうかがわれるということかと思います。

では次の項では、実際に会社補償のところで、会社と役員とがどのようなことで争いになるのかということを判例を通じていくつか紹介してもらいたいと思います。

田端　アメリカの注釈書などで紹介されている補償に関する裁判例を調べたところ、おそらく米国では補償契約に基づいて会社補償するというプラクティスがある程度定着しているからだと思われますが、裁判例になっている事案は限界事例と言って良いようなものが多いようです。

会社補償をめぐる係争の状況（米国の例から）

(1)　役員の地位に関連した事案か（by reason of の解釈に関する米国裁判例）

田端　〔図表 8〕は、実務上、まず最初に問題となる by reason of の要件、すなわち、「役員であることを理由として」要件をめぐる裁判例を 5 点挙げています。

●　インサイダー情報を流用した事案でも会社補償を受けられる

田端　1 番目が、役員がインサイダー取引の容疑で SEC の調査を受けたため補償請求を行った事案[2] です。本件は SEC の調査が「役員であること

(2)　Scharf v. Edgcomb Corp., 2004 Del. Ch. LEXIS 34（March 24, 2004）, *rev'd on other grounds*, 864 A.2d 909（Del. 2004）.

[図表8] 関連性要件（by reason of 要件）に関する米国の裁判例

	裁判例名	補償請求の原因事実	原因事実の相手方（対会社責任）か対第三者責任か）	補償請求	争点	争点に対する裁判所の判断
1	Scharf v. Edgcomb Corp. 2004 Del. Ch. LEXIS 34 (March 24, 2004)	会社の主要株主である役員であるScharf氏が、インサイダー取引に関し、SECの調査を受けた（結局、インサイダー取引違反で訴追を受けることはなかった）。	対第三者（SEC）	DGCL145(c)及びDGCL145と同様の要件で補償義務を定めるbylawに基づき、SEC調査の対応費用（弁護士費用）の補償を請求	SEC調査は「役員であることを理由として」の要件に該当するか	デラウェア衡平法裁判所は、SEC調査はScharf氏が役員としてインサイダー情報にアクセスできたことを理由として行われたものであるから、「役員等であることを理由として」の要件を満たすと判断した。
2	Brown v. LiveOps, Inc. 903 A.2d 324 (Del. Ch. 2006)	会社は、役員を退任したBrowns氏が機密情報を流用し、競合会社と提携利用したとして、Termination agreement違反で訴えを提起した。	対会社	DGCL145と同様の要件で法律上許容される最大範囲の補償義務を定めかつ補償を受ける権利が存在し得る手続に関して費用の前払いの義務を定める補償契約及びbylawに基づき、訴訟費用の前払いを請求	役員退任後の不正行為に関る請求は「役員であることを理由として」の要件に該当するか	デラウェア衡平法裁判所は、会社の請求は、Brown氏が役員として密接情報にアクセスできたという点にこそ密接性につうながるものであったから、「役員等であったことを理由として」の要件を満たすと判断した。
3	Rudebeck v. Paulson. 612 N.W.2d 450 (Minn. Ct. App. 2000)	シニアマネージャーが、他の従業員から、セクハラを理由に訴えられたが、シニアマネージャーは防御に成功し、セクハラは認定されなかった。	対第三者	DGCL145(c)に基づき、訴訟費用の補償的補償を請求	セクハラが、「employeeであったことを理由として」の要件に該当するか	ミネソタ控訴審裁判所は、セクハラで訴えられるリスクは従業員間の"social interaction"を伴う職場環境に内在的であったから、「employeeであったことを理由として」の要件を満たすと判断した。
4	Stifel Fin. Corp. v. Cochran. 809 A.2d 555 (Del. 2002)	子会社役員に対して贈賄の疑いがかかり、子会社は当該役員を解雇した。その後、子会社は、当該役員に対して、任用契約に基づく、報酬のクローバック等を求めたが、当該役員が拒否したので、仲裁手続を申立てた。仲裁の結果、12百万ドルの支払いが命じられた（なお、仲裁判断において役員の忠実義務違反は否定された）。	対子会社	DGCL145と同様の要件で法律上許容される最大範囲の補償義務を定める親会社（Stifel Financial Corp.）の、bylawに基づく、仲裁及び訴訟費用の補償を請求	①任用契約違反に基づく請求は、「役員であることを理由として」の要件に該当するか ②子会社と子会社役員の間の紛争手続はDGCL145(b)の"action by or in the right of the corporation"に該当し、求金の補償は請求できないのではないか	①デラウェア州最高裁は、役員が任用契約に違反したのは、個人的な決定であり、したがって、任用契約違反の請求は、役員としての地位に基づくもの（in his personal capacity）ではなく、個人としての地位に基づくものではないと判断した。②原審は、子会社と子会社役員の間の訴えは"action by or in the right of the corporation"に該当しないとして、DGCL145(b)による補償範囲の訴えを受けないとし、デラウェア最高裁は本論点はmootであるとして判断しなかった。

裁判例名	補償請求の原因事実	原因事実の相手方（「対会社責任」か「対第三者責任」か）	補償請求	争点	争点に対する裁判所の判断
5 Charney v. American Apparel, Inc., C.A. No. 11098-CB (Del. Ch. Sept. 11. 2015)	会社が役員を取締役の地位から解任するとともに、当該前役員との間で「現状維持契約」を締結したうえで、その後の当該前役員の行動をもってかかる現状維持契約上の義務違反に基づく訴訟を提起。	対会社	DGCL145と同様の要件で法律上許容される最大範囲の補償義務及び費用の前払い義務を定める定款(Charter)及び補償契約に基づき、訴訟費用の前払い及び補償を請求	現状維持契約上の義務違反が、役員としての地位に基づくものといえるか	デラウェア衡平法裁判所は、現状維持契約というのは通常、会社支配権の取得を試みる者との間で締結するものであって、自社の役員との間で締結するものではないことを理由に、会社による当該前役員に対する訴訟は、取締役の地位に基づくものではないとして、補償請求を否定。

等を理由として」の要件に該当するかが争点になったのですが、裁判所は、そもそも原告がSECの調査の対象になった原因というのは、原告が役員として会社のインサイダー情報にアクセスできたからであるということを指摘して、「役員であること等を理由として」の要件を満たすという判断をしています。

中山 これは費用償還請求の話ですよね。

田端 そうです。SEC調査対応の弁護士費用の補償請求に対して、裁判所は「役員であること等を理由として」の要件は満たすという判断をしました。なお、本件では、補償請求権の3年の行使期限を徒過したかどうかも争われました。

武井 「補償請求権の3年の行使期間」とはどこに書いてあったのでしょう。

田端 裁判例上、補償請求権は契約上の権利の性質を有するとして、3年の時効に服すると解されています。

田端 2番目の裁判例が、役員が退任後に機密情報を流用して競業したとして会社から訴えられ、当該役員が訴訟費用の前払いを求めたという事案[3]です。争点としては、役員退任後の競業行為が問題になっているので、「役員であったことを理由として」と言えるのかどうかが問題になりました。裁判所は、この人が役員として機密情報に対するアクセスを有していたからこそ生じた紛争であるとして、「役員であったことを理由として」の要件を満たすと判断しました。

神田 これは対会社訴訟の事案なので対第三者の事案とは違いますね。

松本 ご指摘の通りです。対第三者の事案のほうがわかりやすいので次に参ります。

● **セクハラの提訴を受けた事案でも会社補償を受けられる**

田端 3番目の裁判例はシニアマネージャーが他の従業員からセクハラで

(3) Brown v. LiveOps, Inc., 903 A.2d 324 (Del. Ch. 2006).
(4) Rudebeck v. Paulson, 612 N.W.2d 450 (Minn. Ct. App. 2000).

訴えられたため、弁護士費用の補償を求めたという事案[4]です。

　セクハラ行為は個人的行為とも考えられるため「employee であることを理由として」の要件に該当するかが争点になりました。裁判所は、セクハラで訴えられるリスクというのは、従業員間の social interaction を伴う職場環境にあったとして「employee であることを理由として」の要件を満たすと判断しています。

　中山　これはセクハラ訴訟自体の防禦には成功しているのですよね。最終的にセクハラではなかったと判断したということですね。

　松本　はい。

　武井　費用の前払いはしていなかったのですか。

　松本　費用の前払いを受けていないため、費用請求が問題になっています。セクハラ訴訟に勝ったからということを理由にした判断ではないので、費用の前払請求も認められていた事案ではないかと思います。

● **子会社役員も親会社からの会社補償を受ける余地がある**

　田端　4 番目の裁判例は、子会社がその役員との任用契約違反の責任を追及し、親会社に対して補償を求めたという事案[5]です。

　具体的には、子会社及びその役員に業務上の不正行為があったとして SEC の調査が入ったところ、子会社が役員を解雇して、その上で子会社がその役員に対して任用契約に基づいて報酬のクローバックを求めたという事案で、それを巡って仲裁手続が起きたのですが、その仲裁費用と仲裁金の補償を親会社に対して求めたという事案になります。任用契約のクローバックを求める請求が、「役員であったことを理由として」の要件に該当するかが争点になり、裁判所は、結論として、役員が任用契約に違反したというのは個人的な決定で、役員としての地位に基づくもの、in his official capacity ではなくて、in his personal capacity に基づくものであるとして補償を否定しました。

---

(5)　Stifel Fin. Corp. v. Cochran, 809 A.2d 555 (Del. 2002).

　内海　補足しますと、子会社が当該前役員に対して、退職時に返還するよう規定されていた報酬等につき当該前取締役が返還を拒否していること、役員としての地位に基づく忠実義務違反があること、及び任用契約に基づく競業避止義務に違反していることを理由に仲裁申立てをした結果、当該前役員は、子会社に対して1.2百万ドルを返還するよう命じられました。もっとも、子会社が主張していた役員としての忠実義務違反は認定されなかったという事案です。

　神田　この人は親会社と子会社どちらの役員なのですか。子会社だけの役員が親会社に対して請求したのですか。

　田端　子会社だけの役員が親会社に対して補償を求めた事案です。

　神田　子会社の役員で親会社の役員を兼ねていないとすると、親会社に請求できるかどうかは議論になるところですよね。

　田端　本件では子会社役員は、親会社の by laws の規定を根拠として補償請求を行っています。親会社の by laws は、「会社のリクエストで他社で役員等をしている場合」（"served any other enterprise as a director, officer or employee at the request of the Corporation"）も補償対象者とする条文になっています。

　内海　DGCL において任意補償とされている補償について、上乗せ規定的に親会社の by laws が補償範囲を広げているために by laws に基づく構成で請求されたものと考えられます。

　中山　そもそもなぜ親会社が子会社役員の負担を補償するのでしょうかね。

　親会社との間で子会社の役員を務めますという任用契約があって、それに基づいているような状況だとすると、ここで言う served any other enterprise as a director ということになるのですかね。もしそうだとして、それは DGCL145 条の会社補償の話なのか、それとも単純な契約の条項の解釈の話なのか、よく分かりませんね。

　田端　原判決で引用されている、同じ Stifel 社が当事者となった別の訴訟（VonFeldt v. Stifel Fin. Corp., 714 A.2d 79（Del. 1998））では、100％子会社の取

締役は、株主たる親会社によって選任されることから、当然に親会社のリクエストに基づいて子会社役員を務めていることになり、親会社との関係でDGCL145 条及び by laws の "at the request of" の要件を満たすとされています。したがって、100％子会社の取締役の場合は、親会社と契約関係が存在しない場合であっても、親会社の補償の対象者に含まれ得ることになると思われます。

● **主要株主兼役員であった者との主要株主としての会社との係争は会社補償の対象外**

田端　最後の5番目の裁判例は、2015 年に出された争訟費用の前払いについての裁判例です[6]。内海さんの方から紹介をお願いします。

内海　本裁判例で問題となった役員は素行等が問題視されたようで、会社側が当該役員の取締役の地位の解任決議をするとともに、当該前役員による委任状勧誘等による他の取締役交代等の動きを回避すべく当該前役員との間で「現状維持契約」を締結した上で、その後の当該前役員の行動をもってかかる現状維持契約上の義務違反に基づく訴訟を提起しました。

当該前役員はかかる訴訟費用の前払いを会社に請求しましたが支払いを受けられず、当該前役員が会社に対して費用の前払い及び補償を求めて訴訟提起した事案になります。これに対して裁判所は、前払費用については、当該会社の定款上前払費用の対象は現役員に限られていることを理由に否定した上で、現状維持契約というのは通常、会社支配権の取得を試みる者との間で締結するものであって、自社の役員との間で締結するものではないことを理由に、会社による当該前役員に対する訴訟は、取締役の地位に基づくものではないとして、補償を否定する判断がされております。

武井　この事案も会社内部の内紛の事案であって第三者事案とは異なる面があるかと思いますが、by reason of をどう解釈しているのかという観点か

---

[6] Charney v. American Apparel, Inc., C.A. No. 11098-CB（Del. Ch, Sept. 11, 2015). 商事法務で解説された論稿として、木村健登「退職役員に対する争訟費用の前払いと DGCL145 条」商事法務 2132 号（2017）49 頁。

ら1つの参考になるのでしょうかね。

　中山　事案としては複雑なようですが、要するに役員退任後の会社との関係が紛争のポイントであって、役員在任時の活動を保護するという意味はあまりなかった事案ということでしょうかね。

⑵　**企業集団における会社補償をめぐる論点（子会社役員に対する親会社からの会社補償）**

　神田　1つ問題提起なのですが、一般論としては、子会社の役員の負担を親会社が補償するのが妥当かについての答えは自明ではありません。日本ではどう考えるのでしょうかね。

　武井　おっしゃるとおりの論点があると思います。親会社から派遣されている役員とかなら、親会社から補償を受けられると考えても違和感がありません。一方で、子会社が親会社の承認なく雇った役員まで親会社が会社補償で補償するとなると、これから海外子会社の役員が親会社を訴えてくる事例が頻発しそうですよね。

　中山　税法的にも、子会社の役員の費用や損害賠償金を会社補償で負担したときに、親会社が損金として処理できるかという問題はでてきそうですね。

　武井　D&O保険とかは親会社が一括で加入していたりしますね。

　中山　別のパターンとしては、一応子会社との間の任用契約に基づいて、報酬は子会社から払われているが、それとは別に親会社との間で子会社でマネージャーとしてやって下さいという契約を結んでいるパターンなどはあるとは思います。

　武井　少なくともヨーロッパなどでは、会社からの補償だけではなくて、親会社を典型とした主要株主からも補償契約をとっている例もあるようです。

　神田　裁判例をまとめていただいたのを見ながら思ったのは、子会社と親会社は取扱いが別ですと言っているので、そうなると仮に対会社訴訟でも親会社と子会社の取扱いが別ですと、親会社から子会社役員に対してであれ

ば、会社補償を払えそうな気がします。

　仮に親会社自身も当事者ですとコンフリクトしますが、親会社でも当事者としてコンフリクトしないのならば、グループ経営の1つの考え方として、コンフリクトしないものは親会社は会社補償を払いますという考え方があり得るのだと思います。親会社から子会社役員に対して会社補償を支払うことが適切かどうかということは別途検討する必要があると思いますが。

　武井　役員の対会社責任の損害賠償金についても、株主が良いと言ったら補償してよいと割り切っているとしたら、会社法上は株主総会の決議が必要であっても、株主が個別に良いよと言えば、その補償契約は認められるという割り切りまで可能になるでしょうか。

　神田　親会社の方の株主の利益はどうかという話もあるので。一心同体ではない、多重に株主の利益が問題になりますので面白い論点ですね。

　武井　面白い論点ですね。

　神田　これは相当難しい論点ですね。

　武井　欧州の中には、会社自身の補償だけでなく、親会社などの株主が第三者補償を行うことについて議論がされている国もあるようです。本当に会社補償の権利を確保したかったら、役員は、子会社だけから会社補償を取らないで、主要株主とか親会社からも会社補償を得ておくことは考えられます。

　中山　親会社がいわばヘッドハンティングをしてきて、子会社のマネージャーとして任命するとき等、親会社からの補償が必要とされてくることも多そうですね。

　武井　確かに、親会社と補償契約を結ぼうというのはあり得ます。

　中山　親会社のストックオプションをあげたりする実務はありますね。感覚としては子会社の取締役ですが、自分のところのグループの従業員を親会社の責任で雇ってきましたくらいで、たまたま director position にあるが、別に考え方はどちらかと言うとグループ職員ですというようなものもあるような気もします。

　神田　実務上、子会社役員に親会社から報酬を払っているケースはあるの

ですか。

　中山　あるのではないかと思います。子会社からの報酬とは別に、親会社とマネージメント契約みたいなものを別途結んでいて、その業務の対価としてもらう場合です。ただ、それは親会社では director の地位に基づくものでも何でもないですね。

　神田　子会社からももらっているのでしょうか。

　中山　もらっていると思います。それは子会社の director の地位としての報酬です。

　神田　そうすると、使用人兼務の取締役の場合と似ていて、親会社からの派遣料みたいな方がメインで、形式的な報酬は子会社から取締役分として払われているということもあるのでしょうか。

　中山　高給取りの経営者をヘッドハンティングしてくるときに、子会社の資力からすると払えるようなものではないが、実質的に親会社が報酬を払っているパターンはあるように思います。

　武井　親会社から見て子会社役員とは何なのかという整理ですね。

　先ほどご紹介があった米国の4つ目の裁判例で、P社からの要請で役員に就任した場合に、就任した会社がP社なのかその子会社のS社なのかを問わず、P社からの要請で役員に就任して第三者請求を受けたのなら、P社の会社補償の対象になると言っていますしね。雇う側としても、親会社役員になるのか子会社役員とするのかは人事政策上の自由度が欲しい場合があるでしょうから、「親会社役員なら補償があるが子会社役員なら補償がない」と言った自動的な境界線を米国ではあまり引かないのでしょうね。これに対して日本では法人格の概念が比較的厳然とあるので果たしてどう考えるか。契約の定め方という任意規定の話でもありますが、同時に会社法上の企業集団法制の一環の側面もあり、今後の興味深い重要な論点だと思います。ただ今日は時間がないのでこの程度でとどめておきたいと思います。

(3)　**争訟費用の前払いがどこまで認められるか**

　田端　〔**図表9**〕は、争訟費用の前払いを巡る裁判例になります。DGCL

[図表9]　訴訟費用の前払いに関する米国の裁判例

	裁判例名	補償請求の原因事実	原因事実の相手方（「対会社責任」か「対第三者責任か」）	補償請求	争点	争点に対する裁判所の判断
6	Duthie v. Cor Solutions Medical. 2009 Del. Ch. LEXIS 112 (Del. Ch. June 16, 2009)	Cor Solutions Medical 社 は、買収された後、同社の前役員に対して、買収交渉過程で Fraud があったとして、仲裁手続を申し立てた。前役員は、当社に対し、仲裁手続を差止める訴訟を提起した。会社は、当該訴訟提起を受けて、前役員の Fraud の事実を公表した。そこで、前役員は、会社に対して、名誉毀損の訴えを提起した。	対会社	費用の前払いを義務付ける Certificate of Incorporation の規定及びデラウェア州判例法に基づき、名誉毀損訴訟の費用の前払いの請求	役員が原告として提起した訴訟費用の前払いが認められるか	デラウェア衡平法裁判所は、役員の訴訟を提起した場合であっても、それが"defensive in nature"である場合には、訴訟費用の前払いが認められるとし、"defensive"といえるためには"some actual threat"に対する応答的なものである（responsive）ことが必要であるとした。その上で、仲裁手続中は、前役員による名誉毀損の訴訟は"defensive in nature"であり費用の前払いが必要だが、仲裁手続が終了し、会社が以後 Fraud の主張をしないことを表明した後は、名誉毀損の訴えはもはや"defensive"ではなく、費用の前払いを行う必要はない。
7	Citadel Holding Corp v. Roven, 603 A.2d 818, 824 (Del. 1992)	会社が、元取締役である Roven 氏に対して、取締役在任時にコールオプションを購入したことが 1934 年証券取引所法 16 条 (b) に違反したとして訴訟を提起した。当該訴訟提起は Roven 氏と他の取締役の支配権争いの一環として、反訴とし て"charge of illegal corporate control"を主張した。	対会社	DGCL145 (e) と同様の要件で費用の前払いの義務を定める補償契約に基づき反訴費用の前払いを請求	役員の反訴費用の前払いが認められるか	デラウェア州最高裁は、①反訴請求は、形式上は独立の請求であるが、連邦民事訴訟法上、本訴請求と同一の取引 (same transaction) から生じた被告側の請求は同一手続で反訴提起をしない限り失権することから、②Roven 氏の反訴請求は必要であったこと、②Roven 氏の反訴請求は、本訴請求を排除する（defeat or offset）ために主張されたことを認定して、Roven 氏の費用前払いの請求に係る費用は、補償契約上の費用の範疇に含まれるとした。

上の費用の前払いを受ける要件としては、役員が "in defending" であること、つまり防禦をする立場であることが必要となっています。そこで①原告として第三者に訴えを提起した場合はどうかと、②反訴を起こした場合はどうかということが争点になったものとがあります。

● **役員が原告として提訴した場合も争訟費用前払いを受けられる余地がある**

　①の、原告として第三者を訴えた場合について争点となったのが裁判例 6 です。裁判所は、訴えの性質が defensive である場合には前払いを認めるという規範を示した上で、当該事案については defensive ではないので前払いは受けられないという判断をしています[7]。

　②の反訴の場合を扱ったのが、裁判例 7 です。1934 年証券取引所法 16 条 (b)に基づく会社に対する訴えでしたが、結論的には、争訟費用の前払いが認められました[8]。

　認められた理由としては 2 点挙げられていて、1 点目の理由はアメリカの民事訴訟法上当該事案では反訴を提起せざるを得なかった、つまり役員は反訴を提起しなければ失権するという事情が指摘されています。2 点目の理由は、反訴請求の性質が、本訴請求を排除するために主張された、まさに防禦的な性質であったということを指摘されています。

● **対第三者事案の会社補償について費用前払いはそもそも係争となっていない**

　武井　以上の判例はいずれも会社と役員とが係争している特殊な事例ですよね。1 件目が少し違うぐらいでしょうか。逆に言うと第三者との係争からの in defending についてはあまり判例にすらなっていないのでしょうかね。

　中山　1 つ目の裁判例では、仲裁手続の差止めが確定する前の費用については補償を認めて、仲裁手続が確定した後は認めないと分けていますね。仲裁手続が確定する前の、つまり会社側との間で実際にいろいろと紛争が起き

---

[7]　Dustie v. Cor Solusions Medical, 2009 Del.Ch. LEXIS 112（Del.Ch.June 16, 2009）.
[8]　Citadel Holding Corp v. Roven, 603 A. 2d 818, 824（Del.1992）.

得る状態のところでやっているものは、defensive nature ですが、その危険がなくなった以降のものはそうではないと判断しているということでしょうか。

　内海　裁判所は、本件の原告（前役員）による主張は、①仲裁手続は終了し、会社は訴訟手続において抗弁主張に現れている以上には fraud の主張をしていないため、fraud であると認定されるおそれ（threat）が存在しないこと、②したがって、原告の主張は応訴ではなく、積極的な訴えといえること、を理由として、会社に対して係属中の訴訟費用の前払いを求める原告の主張を認めなかったというものであり、仲裁の終了は今後 fraud が認定されるおそれが想定されないことの理由にすぎず、fraud の認定回避のための防禦が不要になったことを判断した事案になります。

　中山　なるほど。この裁判例が別の面でも興味深いのは、アメリカでは、会社は役員が自社を訴える費用すら出さなければいけないのではないかというところが争いになっているわけですね。そこからすると、第三者からの防禦についてはあまり紛争にならないで当然支払われることが前提となっていると言うことがうかがわれるのではないでしょうか。

⑷　役員に補償を行うタイミング（及び前払費用の返還請求を行うタイミング）に関する係争

　田端　次に、役員の補償請求と会社の前払費用の返還請求の両者のタイミングを巡る裁判例を紹介します（〔**図表10**〕）。

●　役員が和解金を支払ったら会社は役員からの補償請求を留保できない

　田端　1番目（裁判例8）は、証券クラスアクションを提起されたという事例なので、対第三者責任の事案と考えられます[9]。証券クラスアクションが役員に対して提起され、役員が和解金を支払った一方で、SEC の行政調査が続行していて、まだ結論が出ていない状況でした。こうした段階で、そ

---

(9)　Levy v. Hayes Lemmerz Int'l., Inc., 2006 WL 985361 (Del. Ch. Apr. 5, 2006).

[図表10] 役員の補償請求／会社の前払費用返還請求のタイミングをめぐる米国裁判例

	裁判例名	補償請求の原因事実	原因事実の相手方（「対会社責任」か「対第三者責任か」）		補償請求	争点	争点に対する裁判所の判断
			会社責任	対第三者			
8	Levy v. Hayes Lemmerz Int'l. Inc., 2006 WL 985361 (Del. Ch. Apr. 5, 2006)	過年度決算修正を行い、その後、連邦倒産法第11章の適用を申請した会社の元役員が、証券クラスアクション この対象となり、7.2百万ドルの和解金を支払った。なお、SECの調査は継続しており結論が出ていない状況であった。		対第三者	DGCL145と同様の要件で補償義務を定める bylaw に基づく訴訟費用及び和解金の補償を請求	SEC調査の結果が出るまで補償を拒否することができるか。	デラウェア衡平法裁判所は、特に、既に元取締役が多額の和解金を支払った状況においては、現取締役から進補償の可否を決定する責任から進れることとはできない、とした。
9	Bergonzi v. Rite Aid Corp. 2003 WL 22407303 (Del. Ch. 2003)	会社の前CFOが、会計上の不正行為に関連して、SECの調査や、株主代表訴訟等の対象となった。そこで前CFOは費用の前払い義務を定める Certificate of Incorporation に基づき会社から費用の前払いを受けた。その後、前CFOが有罪答弁（guilty plea）をしたことから、会社は、前払費用の返還を求めた。	対会社		会社から、前払い済みの訴訟費用の返還請求	費用の前払い義務は final deposition までしか認められていないところ、役員が有罪答弁をした場合に払費用の返還を求められるか。	有罪答弁だけでは自認した遠法行為の最終決定ではない（まだ量刑手続が残っている）ため、前払費用の返還請求は成熟性（ripeness）がないとして、却下した。

の役員が和解金の補償を会社に求めたという事案になります。

　会社側はこの補償請求に対して、SEC の調査結果が出るまでは補償を保留したいという主張をしたのですが、裁判所は結論としては、既に和解金は支払ったので、会社は補償するかどうかを判断しなければならないと判示しています。

　中山　この事案では、補償契約で、和解金の支払いについて会社の事前同意を求める条項はなかったのでしょうか。

　田端　裁判所の認定事実を読む限りでは、そのような条項について触れられていないため、本件は存在しなかったのではないかと思われます。

● 有罪答弁の司法取引をしただけでは前払費用の返還義務はトリガーしない（役員側の期限の利益の確保）

　田端　2番目の事案（裁判例9）は、会社の CFO が会計上の不正行為に関連して、SEC の調査や株主代表訴訟の対象となったという事案となります[10]。不正会計について行政調査ということで、訴訟中の段階では会社は防禦費用の前払いをしていたのですが、結局役員が有罪答弁をしたという段階になって、会社が前払いした費用の返還を求めました。

　争点になったのは、DGCL145 条の規定上は、前払費用というのは final disposition まで認めるということになっていて、有罪答弁をした段階でその前払費用をもう打ち止めにして返還を求めることができるのかです。

　これに対して裁判所は、有罪答弁をしただけの段階ではまだ final disposition ではないとし、有罪答弁をした段階で会社が役員に対して、支払済みの前払費用を返してほしいという請求をすることはできないということを言っています。

　内海　この会社の事案では、会社の定款において、"only upon delivery to the corporation of an undertaking...to repay all amounts so advanced if

---

[10]　Bergonzi v. Rite Aid Corp., 2003 WL 22407303 (Del. Ch. 2003), appeal denied, 836 A.3d 514. 2003 Del. LEXIS 577 (Nov. 20, 2003).

it shall ultimately be determined that such director or officer is not entitled to be indemnified." として、undertaking の差入れを前提に、補償を受ける資格がないことが最終的に確定しない限りは、費用の前払いを受けられると規定されておりました。また、本件の元役員は "court of competent jurisdiction ultimately determines in a final judgment that I am not entitled to indemnification." の場合には前払費用を返金する、との undertaking を差し入れています。したがって、有罪答弁をしたとしても、裁判所において元役員敗訴の確定判決・最終判断がされない限り、費用の前払請求をなし得るという建付けとなっておりました。そして、本件では、有罪答弁後も元役員は証言する義務が残っており、それにより最終判断を左右する可能性がある以上、有罪答弁がされた段階であっても、裁判所の最終判断がなされたとは認められないと判示しております。

中山　ありがとうございます。この裁判例で気になるのは、量刑手続が残っているから求償できないと判断したということは、量刑手続が終わったらやはりこれは役員は前払費用を会社に返さなくてはだめだということなのでしょうか。

田端　その後はまさに bad faith 要件該当性を判断した上で役員に返すかどうかという判断になるのかと思います。DGCL145 (a)の明文上も、conviction（有罪決定）や a plea of nolo contendere（不抗争の答弁）等があったことの一事をもって good faith 等の役員誠実行為要件を満たさないという推定をしてはならないとされています。

中山　2番目の裁判例が問題にしているのは bad faith の要件の話なのか、有罪推定要件の話なのか、どちらの話なのでしょうか。

田端　この判例自体では bad faith 要件該当性の判断はなされていません。

武井　この判例からすると、final disposition まで行かないと、そもそも会社は前払費用の返還を求めることができないということになるのでしょうかね。とすると、タイミングとして、とにかく final disposition というタイミングに至るまでは、前払費用の返還を求められることはないという一種の時間の利益・期限の利益も役員は持てているということになりますが。

149

　神田　アメリカで、有罪答弁をしても final disposition に至らないということは有り得るのでしょうか。必ず至るのなら、結局受け取った前払費用を返さなければいけないことになります。

　中山　その点については、米国では、有罪答弁をしても、裁判所が承認しない場合があります。つまり司法取引が成立しても、その内容が unfair だとか、そういう場合にはもう1回手続がやり直しになる場合があります。その意味では、量刑が決まっておらず司法取引が認められない可能性はあるではないでしょうか。

　武井　有罪答弁のときに、一緒に量刑も司法取引の対象として握るわけですよね。

　中山　量刑も握るのですが、それは訴追機関との取引であって、その取引内容を裁判所に認可を求めるわけです。裁判所で判断をして、認可が出て初めて効力が発生します。

　神田　言葉を換えて言えば、この場合は前払費用の返還だけだから、量刑が重かろうが軽かろうが、絶対返さなければいけなくなるのだったら、役員にとって期限の利益のようなものですね。

　中山　ただ、例えば裁判所が、量刑にこれだとだめだと言って差戻しになったときに、それでもう1回、重い量刑で司法取引するかというのは別物になります。もしかしたら、これでまとまらないのだったら、有罪答弁を取り下げて、むしろ争いますということはあり得るというのはそのとおりだと思うのです。

　神田　その辺りの説明までないとわかりにくいですよね。そして、どうしたらよいのか、かなり難しい話ですね。

　中山　有罪判決でも争訟費用を補償しますという話とはかなりトーンが違ってきますね。

　武井　単に期限の利益が到来していないということを言った判例なのでしょうか。

　松本　多分そうだと思うのですが。

　神田　最後にすべての事情を見て、bad faith かどうかを判断するのでしょ

うか。

　松本　ただ、有罪判決でも争訟費用を払う余地はあります。

　中山　そもそも必ず払わなければいけないのかという実態のところは判断していないという判決だということなのでしょう。

　松本　そうですね。却下した判決なので、そのような判例の1つと整理できます。

⑸　**役員に悪意等がある場合の会社補償の範囲（役員誠実行為要件の解釈）**
　田端　〔**図表11**〕は役員誠実行為要件を巡る裁判例です[11]。

● **懲罰的損害賠償部分に対して会社補償が認められるか**
　田端　裁判例10はかなり特殊な事案なのですが、Apartment Corporationの代表者が、アフリカ系アメリカ人が部屋を借りることを拒絶をしたということが起因となって紛争が生じたという事案です。裁判所は、人種差別的な行いがあったということでbad faithの認定を行った上で、懲罰的損害賠償の支払いを命じたのですが、その懲罰的損害賠償の支払いを命じられた役員が、今度はその懲罰的損害賠償額の会社補償を求めたという事案です。

　争点としては懲罰的損害賠償金の補償が許されるのかということが争いになりました。

　裁判所の結論ですが、一般論としては先行する訴訟で賠償金が課せられたからと言ってgood faithの要件が否定されるわけではないが、本件においては先行訴訟でbad faithが認定されていることから補償請求は認められないとしています。

　内海　補足で説明しますと、不動産賃貸借業を目的とする会社の元役員が、株主でもある借主から転貸借の承諾を求められた際に、転借人がアフリカ系アメリカ人であることを理由に承諾を拒絶した上で、当該株主の不当行

---

[11]　Biondi v. Beekman Hill House Apartment Corp., 94 N.Y.2d 659, 709 N.Y.S.2d 861, 731 N.E.2d 577（2000）.

[図表11]　役員誠実行為要件に関する米国裁判判例

	裁判判例名	補償請求の原因事実	補償請求	争点	争点に対する裁判所の判断
10	Biondi v. Beekman Hill House Apartment Corp., 94 N.Y.2d 659, 709 N.Y.S.2d 861, 731 N.E.2d 577 (2000)	Apartment Corp. の代表である Biondi 氏は、Apartment Corp. の持分有者である賃借人から転貸借の承諾を求められた際に、転借希望者がアフリカ系アメリカ人であることを理由に承諾を拒絶した。賃借人が Biondi 氏の人種差別を非難したところ、Biondi 氏は賃借人に対して名誉毀損訴訟を提起することに対して名誉毀損訴訟を提起すると共に、賃貸借契約を解約した。その後、転借希望者が Biondi 氏及び賃借人を訴えたので、Biondi 氏と賃借人の紛争も和合された。陪審は、Biondi 氏の行為は賃借人及び転借希望者に対して "bad faith" であると認定し懲罰的損害賠償の支払いを命じた。	DGCL145 と同様の要件の下、法律上許される最大範囲の補償義務を定める bylaw に基づく懲罰的賠償額の補償を請求	懲罰的賠償金の補償が許されるか	裁判所は、一般論としては先行する訴訟で賠償金が課されたからといって "good faith" が直ちに否定されるわけではないが、本件においては、先行訴訟における Biondi の認定行為を踏まえると会社の最善の利益になるものとは考えられないこと、陪審は "bad faith" を認定し裁判所も是認していることから、補償請求は認められないとした。

為に基づく債務不履行通知を公表したという事案です。

　(i)当該取締役は、当該株主に対し名誉毀損訴訟も提起した他、転借を希望したアフリカ系アメリカ人は、会社及び取締役が人種理由に転貸借を拒否したことにつき、人権違反であるとして訴訟提起しております。これに対して会社は、虚偽事実であると主張する反訴を提起しました（ここに名誉毀損訴訟も併合されております。）。当該取締役の行為は個人としても取締役としても、Federal Fair Housing Act 及び人権に反するとして、取締役に対して損害賠償及び懲罰的損害賠償の支払いを命ずる判決が出されました。

　(ii)これを受けて、取締役はさらに新訴として提起したところ、一審は①会社の取締役会の決定が、会社の利益に反した行動であること（in bad faith and with the a purpose that was not in the best interests of the cooperative）、②取締役らが、転貸借の承諾を拒絶した際に故意又は悪意であったことを認定しました。

　(iii)訴訟自体は控訴審で和解に至りましたが、取締役は支払った懲罰的損害賠償につき by laws に基づき会社に対し補償請求の訴えを提起しました。裁判所は、二審（確定）において、①和解においては、当該取締役の責任を「懲罰的損害賠償」に限定してると認定した上で、懲罰的損害賠償を補償することは公序に反すること、②前訴において陪審員が bad faith を認定していることも理由として、補償を否定しました。

　中山　認定されたのは役員の賃借人及び転借希望者に対しての bad faith ですか。

　内海　この裁判例では、取締役による人種差別的な決定は注意義務違反を構成するとして、会社に対する bad faith が認定されております。

　武井　この事案は、bad faith 要件の解釈のところで、全額補償が認められなかったのでしょうか。それとも bad faith の部分だけ上積みがあってその上積み部分だけが補償されないのか、全部補償されなかったのか、いずれだったのだろうか。

　内海　和解において、当該取締役には懲罰的損害賠償のみが認定されたため、会社に対して補償を求める対象も、懲罰的損害賠償のみであった事案で

ございます。そのため、会社に対する補償請求訴訟において裁判所は、①和解においては、当該取締役の責任を懲罰的損害賠償に限定していると認定した上で、懲罰的損害賠償を補償することは公序に反すること、②前訴において陪審員が bad faith を認定していることも理由として、補償を否定しました。したがって、上記議論に即していえば、上積み部分の補償を否定する判断しかされておりません。

神田　逆に言えば、punitive damages であっても、補償が認められる場合もありということでしょうか。

中山　そう読めますよね。

神田　これは費用ではなくて、賠償金ですよね。したがって、3 倍、10 倍賠償でも、それを全部会社が持ってよいという可能性があるということでしょうか。

松本　理論的には、会社の利益になるのであれば補償もあり得るのではないでしょうか。

武井　punitive damages に対してアメリカだと D&O 保険は下りるのでしょうか。第三者に punitive damages を負わせるようなことをした役員を雇ってしまったというのは大変なことですね。保険でカバーされなかったら、これは会社にとっても大きな負担になりそうです。

山中　DGCL145 条(g)項は D&O 保険による填補の対象を制限しておらず、懲罰的損害賠償（punitive damages）に対する填補が認められるかどうかは、各社の D&O 保険約款の規定によることになりそうです。ここでは、①当該保険約款の規定が有効と認められるかどうか、②実務でどのような保険約款が用いられているか、という 2 つの問題があります。

前者については、懲罰的損害賠償が被告自身の行為ではなく代位責任（vicarious liability）に基づいている場合には、実質的にすべての裁判所が当該懲罰的損害賠償に対する填補を認めているものの、懲罰的損害賠償に対する填補を認めることは懲罰的損害賠償の目的を害するため当該州の公序に反するとの立場がアメリカの多くの州の裁判所で採用されているとの指摘[12]がみられます。このため、後者について、保険契約者は例えばアメリカの保険

会社から D&O 保険を購入し、「〔懲罰的損害賠償の填補を含め、保険契約者に〕最も好意的な法域〔における管轄〕」（"most favorable jurisdiction"）を規定する条項を D&O 保険約款に含める等が行われているとの指摘[13]がみられます。

　ですので、D&O 保険約款の規定次第ではあるのですが、懲罰的損害賠償でも D&O 保険による填補が認められる場合もあるとはいえそうです。

海外とのイコールフッティングの観点から日本の会社補償に求められる事項

(1)　責任限定・責任免除と会社補償との役割分担・関係

〔図表12〕　DGCL102条

DGCL102 条
(b) In addition to the matters required to be set forth in the certificate of incorporation by subsection (a) of this section, the certificate of incorporation may also contain any or all of the following matters:
〔(1)から(6)略〕
(7) A provision eliminating or limiting the personal liability of a director to the corporation or its stockholders for monetary damages for breach of fiduciary duty as a director, provided that such provision shall not eliminate or limit the liability of a director:
(i) For any breach of the director's duty of loyalty to the corporation or its stockholders;
(ii) for acts or omissions not in good faith or which involve intentional misconduct or a knowing violation of law;
(iii) under §174 of this title; or
(iv) for any transaction from which the director derived an improper personal benefit.
　No such provision shall eliminate or limit the liability of a director for any act or omission occurring prior to the date when such provision becomes

---

(12)　WILLIAM E. KNEPPER & DAN A. BAILEY, LIABILITY OF CORPORATE OFFICERS AND DIRECTORS § 24.07 [1] (release no. 24, through Nov. 2017).

(13)　Id. See id. at Appendix D.

effective. All references in this paragraph to a director shall also be deemed to refer to such other person or persons, if any, who, pursuant to a provision of the certificate of incorporation in accordance with §141 (a) of this title, exercise or perform any of the powers or duties otherwise conferred or imposed upon the board of directors by this title.

武井　以上、米国で現に揉めている補償の裁判例を鳥瞰しました。そこで次に、日本の法制と米国の法制との比較に話を移しましょう。

事前の責任免除と事後の会社補償との関係について、整理をすべき重要な論点ですので、アメリカの状況をお願いします。

松本　日本と米国の法制上の比較として、責任限定と会社補償という両者の守備範囲・相関関係が 1 つ興味深い点となります。

日本でも責任減免規定と今回問題になっている会社補償というのが区別されますが、DGCL 上はいずれについても明文の規定が置かれています。まず責任限定につきましては、〔**図表 12**〕の DGCL102 条(b)項(7)号で、定款の任意的記載事項の規定として、取締役の fiduciary duty 違反に基づく金銭賠償に係る対会社又は対株主の個人責任を減免する規定を置くことができるとされています。ただし、一定の場合には責任の減免は認められないとされており、一定の制約はありますが、かかる責任減免規定を定款に置いておくことができます。

これに対して、日本では会社法 425 条ないし 427 条において、役員等（取締役、会計参与、監査役、執行役又は会計監査人）に関する責任減免の規定が置かれています。会社法 427 条の責任限定契約の対象としては、非業務執行取締役、会計参与、監査役又は会計監査人に限定されています。

次に会社補償に関しましては、先述のように、DGCL145 条(a)項(b)項を中心として会社補償の明文規定が置かれています。この会社補償の対象としましては、director, officer, employee, agent 又はそれらであった者、会社の要請で他の企業の director 等として従事する又は従事していた者などを広く含んでいます。これに対して、日本では会社法上の明文規定は置かれていません。

武井　DGCL102条(b)項(7)号のほうだと director しか射程になっていませんが、DGCL145条の方では director だけでなく officer も広くカバーされているという違いがあるわけですね。あと102条(b)項(7)号の規定を見ていると、145条について、corporation だけでなく shareholders も入っていますね。

⑵　株主代表訴訟敗訴の損害賠償金の補償と（証券クラスアクション等の）第三者訴訟の損害賠償金の補償との相違

武井　本研究会では、同じ株主から役員が提訴されていると言っても、株主代表訴訟による提訴なのか、証券クラスアクションのような第三者訴訟・直接訴訟なのかによる差異が、米国の会社補償の世界でも影響があるのではないかという論点も議論しました。説明をお願いします。

松本　まず、そもそも株主代表訴訟のような間接訴訟と、証券クラスアクション等の第三者訴訟・直接訴訟とでは、法的な構造として違いがあると考えられます。株主代表訴訟や derivative suit と呼ばれる訴訟類型は、株主が、役員の行為に関連して会社に生じた損害につき、会社の地位に代位して役員に対して損害賠償請求をする類型で、日本の株主代表訴訟に相当するものと言えます。

これに対して、第三者訴訟や直接訴訟（class action）につきましては、株主が、役員の行為に関連して株主自身に生じた損害について、役員に対して損害賠償請求をする類型といえます。典型例としては、証券訴訟（Exchange Act of 1934 の 10 条(b)項）、日本の会社法で言う 429 条に基づく対第三者訴訟や虚偽記載の訴訟などが該当すると思われます。

直接訴訟と捉えるべきか、株主代表訴訟と捉えるべきかという判断につきましては、米国判例法として、Tooley Test[14] という著名な判断がなされていまして、これが踏襲されています。

---

[14]　Tooley v. Donaldson, Lufkin, & Jenrette, Inc., 845 A.2d 1031（Del. April 2, 2004）（以下「Tooley 事件」という）。本件で株主は、取締役の fiduciary duty 違反を主張してクラスアクションを提起したところ、本裁判例は、「直接訴訟か株主代表訴訟かの判断は、主張された損

　Tooley Test の具体的な内容としましては、訴訟を提起した者が主張した損害が会社又は原告株主個人のいずれに生じ、いずれが賠償を受けるべきかということを裁判所が判断し、これによって決せられるとされています。訴訟を提起した際の法形式に基づく形式的な判断がされるというよりは、実質的にいずれに損害が生じており、いずれに賠償をすべきかという観点で判断がなされています。

　前項でご紹介した会社補償の裁判例においても、対会社と対第三者というところで一応棲み分けができると思うのですが、株主が同じように役員に対して提訴した場合に、株主代表訴訟と直接訴訟のいずれにあたるかは明確な判断が難しく、実際の訴訟の中で判断がなされていくという形になるので、形式的に対第三者責任なのか対会社責任なのかというところは、米国の実務上明確に切り分けにくいところなのだということがわかったといえます。

　武井　DGCL の規定を見ていると、役員からすると、同じ株主からの提訴でも、代表訴訟でなく第三者訴訟・直接訴訟であると法的に整理された方が、損害賠償金の補償は受けやすい構造になっているように条文は読めるわけですね。

　松本　そうですね。

　中山　またもう 1 つの重要な切り口として、責任限定との関係があるように思います。

　アメリカも日本も、対会社責任の損害賠償について会社補償が認められないという点では同じであるように一見みえるのですが、実はアメリカでは会社と取締役の間の争いについては責任免除の適用があり、そちらは日本より柔軟性がかなり高くなっています。

　補償制度の方では、会社に対する損害賠償金は補償しませんと割り切っている点では日本と同じですが、その実務的な帰結が日本とアメリカとでは異なってきます。アメリカは次に責任免除という 2 段目があって、会社補償で

　　害が会社又は原告株主個人のいずれに生じ、いずれが賠償を受けるべきかによってのみ決せられる」とした。

補償されなかったとしても、次の免除のところで、会社が取締役のインセンティブ構造などの観点から、この人に対してはあまり請求してはいけないとか、会社から厳しい責任を追及しないようにしようということが可能になっています。

　会社補償制度の建付けだけをみていると単純に「アメリカも日本も会社と役員の訴訟における損害は補償しません」という結論は同じですが、その先の帰結がずいぶん異なることは留意すべきかと思います。

　会社補償について日米イコールフッティングになったとしても、次のイコールフッティングになっていない領域として、責任免除の領域があるということだと思うのです。

　武井　そのとおりですね。仮に、株主代表訴訟だと対会社責任ということで補償が厳しいとしても、他方で、株主代表訴訟の世界については、事後段階での補償は厳しくても、事前段階の方で訴訟委員会制度もあるので、別途責任追及がなされにくい制度があるわけですよね。これは①株主代表訴訟なのか対第三者訴訟なのかという先ほどの区分にも関連しますし、それに加えて、②対会社責任を負う場合であっても、会社が役員に対して求償その他の責任追及をする際に、株主代表訴訟という建付けを含め、役員が会社から提訴を受ける場合が米国では日本に比べてそもそもきわめて限定されているという点も重要だと思います。

● **証券クラスアクション／株主クラスアクション／株主代表訴訟と会社補償との関係**

　武井　以上のようないくつかの論点について、神田先生からはいかがでしょうか。

　神田　いくつかの論点があるように思います。

　まず最初の直接訴訟なのか間接訴訟なのかの区別についてです。Tooley事件は直接訴訟と言っても株主の損害を問題にしていますよね。ですから株主以外の人ならば第三者でよいのですが、同じ株主が提訴したもので、株主代表訴訟なのか株主が提起したクラスアクションなのかで会社補償の取扱い

が違うというのは、アメリカの感覚からするとやや疑問にも感じます。だけど DGCL145 条(b)項の条文を見ると確かに、文言の形式解釈は、by or in the right of the corporation であって、shareholders が原告になったのかどうかを問題にしていないですね。

　　山中　そもそも、直接訴訟（direct suits）と派生訴訟（derivative suits）に関する Tooley Test の区分及び同判決の射程が、145 条における(a)項と(b)項の区分に対応するものかどうか、必ずしも判然としないように思われます。145 条が設けられた背景にある当時の Folk 報告書をみても、(a)項と(b)項の区分は問題となった当該訴訟が派生訴訟であるかどうかを主として念頭に置いているように読め、その意味でも、派生訴訟が(b)項の対象に中心として入っていることは解釈上明確であるようですが。

　　田端　ちなみに証券クラスアクションの和解金の会社補償については、145 条(a)項を根拠として和解金の補償を認めた判例[15]がございます。

　　内海　自動車部品製造関連の会社において、株主及び社債権者が、社外役員らによる計算書類の不正が判明したことにより保有していた当該会社の株価が下落した分の損害を被ったとして、当該社外役員らに対して法令違反及び信認義務違反を基づく損害賠償請求訴訟を提起した事案です。和解で終結した事案なのですが、その社外役員らの和解金の補償を認めた事案でも、「shareholders and bondholders」が原告となっております。

　　神田　あと、証券クラスアクションの方は原告は株主とは限らず投資家なので、その点でも若干範囲が広いです。

　　株主クラスアクションとしては、例えば典型的に合併が問題になったバンゴーコム事件（Smith v. Van Gorkom 事件）[16]などもクラスアクションでして、

---

(15)　Levy v. Hayes Lemmerz Int'l., Inc., 2006 WL 985361（Del. Ch. Apr. 5, 2006）.

(16)　488 A.2d 858（Del.1985）。取締役会での合併契約の承認が十分な情報を集めてされたものでなかったことについて、取締役に会社に対する注意義務違反を認定し、数百万ドルに上る損害賠償責任を認めた 1985 年の全米に大きな衝撃を与えた判決である。社外取締役への就任拒否が広がり、役員への D&O 保険や責任限定の拡充などへとつながっていった。神田秀樹「取締役に巨額の損害賠償責任を認めた判例—スミス対ヴァン・ゴーコム事件」井口茂ほか『判例に学ぶ法律考現学』（ぎょうせい、1990）151 頁以下等。

株主代表訴訟ではありません。もっと一般的にいえば、デラウェア州では、合併の場合は合併によって消滅会社は法人格がなくなるので、代表する会社がなくなるから株主代表訴訟はできないのが原則です。そうすると代表訴訟で提訴すべき訴訟も合併後は代わりにクラスアクションでということになります。

　これらの訴訟は証券クラスアクションとは違って、私の言葉で言いますと、「株主クラスアクション」となります。その株主クラスアクションの場合にも会社が役員の損害賠償を補償していたら、大きな話になります。

　武井　いわゆる「株主クラスアクション」というのは、日本で言うと、合併比率の不公正が問われて合併に伴って株主が受けた損害を提訴する場合であり、その株主の損害を会社が補償するということですよね。

　神田　はい。ですから、株主クラスアクションというような訴訟類型であっても、会社の合併契約で公正であったら実現したであろう価格を主張をして、その価格と現実の売買価格との差額を損害として請求するのが一般的な訴訟形態としてありえます。この場合は、合併比率の不公正が問題なので一般には会社の損害は観念できず代表訴訟には向きません。

　バンゴーコム事件は、ナショナルレンタカー事業やホテル事業をしていたトランスユニオン（Trans Union）という上場会社について、バンゴーコムという社長が高齢になったため、同社を第三者に売った事例です。利害関係者間取引ではありません。トランスユニオンの買却価格が安すぎたといって、トランスユニオンの株主が差額の賠償を求めて、株主クラスアクションの形で損害賠償請求訴訟を提起し、勝訴しました。そこで、D&O保険の保険金が取締役に支払われました。

　ただ、バンゴーコム事件を例としてあげたのは適切でなかったかもしれません。私が問題にしたいのは、この類型の訴訟とは異なり、本来もし会社の法人格が存続したなら代表訴訟が提起されるはずであったところが、合併等により会社の法人格が消滅したため株主クラスアクションが提起されたという場合です。この点に関連して、D&O保険は、株主代表訴訟で敗訴していても株主クラスアクションで敗訴していても補償範囲として保険金を支払う

のです。したがって、こちらの類型の場合については、私は、株主代表訴訟と株主クラスアクションは、役員の保護という観点からは一緒の取扱いがされるべきと思っているので、株主代表訴訟と株主クラスアクションとで、訴訟類型によって、一方が補償できて一方が補償できないと言われると、これは大変なことだなと感じます。

　ちなみにバンゴーコム事件を契機として、責任限定に関する DGCL102 条(b)項(7)号の規定が立法によって入りました。バンゴーコム事件はいわば経営過失の善管注意義務違反のケースだったので、善管注意義務違反による責任が過大なものとならないよう、同事件のすぐ翌年にこの条文が入ったという経緯があります。

　山中　神田先生のご教示の通りでして、少し補足させていただきますと、バンゴーコム事件では、合併における消滅会社の株主の損害が問題となったため、派生訴訟（derivative suits）ではなく株主が原告となる直接訴訟（direct suits）として訴訟が提訴されました。

　その上で、被告となった社外取締役は、デラウェア州最高裁判所の確定判決で誠実義務違反（bad faith）を認定されて敗訴したわけではなく、当該裁判所は事案を原審に破棄差戻し（reversed and remanded）し、そこで和解が成立し、和解金の支払いがされたわけです。

　そして、当該和解は D&O 保険でも塡補されるのですが、それが D&O 保険の塡補責任限度額を上回るものだったので、ここで取締役個人の出捐が問題になるのですが、誠実義務違反は認定されていないので、会社補償を行うことが法的には可能であったとの記述[17]を目にしたことがあります。ここでは直接訴訟が問題になっており、制定法との関係で 145 条(a)項と(b)項のどちらの対象になるかがまさに問題になりますが、派生訴訟における和解金への補償を(b)項は認めていないとの解釈を前提にすると、バンゴーコム事件で補償が認められるとのこの記述は、直接訴訟が(b)項ではなく(a)項の場面であ

---

[17]　Bernard Black, Brian Cheffins & Michael Klausner, *Outside Director Liability*, 58 STAN. L. REV. 1055, 1067 (2006).

ることを前提にしているようにも読めます。もっとも、そのような理解でよいのかはむずかしいところです。

その上で、バンゴーコム事件判決後にみられた D&O 保険市場の変化等を踏まえて、これに代わる保護を取締役に提供するために、信認義務（fiduciary duty）の中で注意義務違反による責任についてはこれを定款で事前に免除又は制限することを認める旨の DGCL 改正が、当該判決の翌年の 1986 年に行われました。これが先ほどから出ております 102 条(b)項(7)号となります。

武井　ありがとうございます。先生のご指摘を踏まえて調べてみましたところ、アメリカの現行法制では、株主クラスアクションによる役員の敗訴額であっても会社補償が可能のようです。

ちなみにバンゴーコムのケースは著名な件なので顛末について調査結果がありますが、それによりますと、合併会社が取締役の和解出捐額を負担し、各取締役には D&O 保険を超過した額の 1 割だけの charitable contribution を要請しただけとのことです。ただ理論的には、①このバンゴーコム事件は代表訴訟（derivative suits）ではなく株主クラスアクションとしての直接訴訟（direct suits）だったので、145 条(b)項の制限は及ばず、会社補償が 145 条に従って可能な事案である、②消滅会社の会社補償が有効である限り、合併会社がその補償義務を引き継ぐわけで、1 割の自己負担さえも不要だった、③現在の米国の会社補償法制は 1985 年当時よりもさらに役員への会社補償に友好的なので、1 割の個人負担などという議論は現在では生じない、という議論がアメリカではなされています。

ちなみに、会社補償でどの程度カバーされたのか等については、米国でも会社補償額について法定開示がなされる制度ではないという理解で良いでしょうか。

山中　DGCL145 条は会社補償を行ったのかどうかに関する開示については何も規定しておりません。DGCL145 条は、取締役又は執行役員が本案等で勝訴した場合（(c)項）を除いて任意的補償を規定していますので、自社の附属定款や補償契約で、「制定法上許容される最大限の範囲で補償する」旨を規定して補償を義務化している会社が多いようです。附属定款は会社の

ウェブサイト等で閲覧可能で、また、補償契約は先ほどのお話のように
EDGAR で開示されているとしますと、会社が義務的に補償したであろうと
いうことは推察できるわけですが、和解の場合を含め、役員が実際にいかな
る額の会社補償を受けたのか、また、役員の負担額が実際にいかなる形で支
払われたのか等については、法定開示は求められていないということになり
ますでしょうか。

　武井　ありがとうございます。確かに会社補償がなされたことの個別的事
実や補償額などは法定開示の対象とはなっていないようですね。

　あと、102 条と 145 条とを比較すると、役員の中でも officer に関しては
145 条にしか規定されておらず、責任限定の面で違いがあるわけですね。

　神田　はい。officer は、日本語でいうと業務執行者に当たりますが、
DGCL102 条(b)項(7)号に規定がありません。director だけです。

● **株主代表訴訟は事前段階（訴訟委員会制度等）で＋第三者訴訟は事後段階（会
社補償 D&O 保険等）で米国企業役員は保護されている**

　武井　officer にとっては、株主代表訴訟と性格づけないで direct suits と
いう第三者訴訟で提訴された方が補償が受けられるという差異があることに
なりますね。

　山中　会社補償の観点からは、第三者訴訟として 145 条(a)項の対象になっ
たほうが有利です。ただ、他方で、派生訴訟（株主代表訴訟）であれば特別
訴訟委員会の設置が認められますから、全体としてみるとどちらが有利かは
一概に言えないようにも思われます。

　武井　第三者訴訟（direct suits）を受けた場合には、損害賠償額が仮に認
められても事後的な会社補償や D&O 保険が効いている。他方で株主代表訴
訟（derivative suits）を受けた場合には、訴訟委員会制度等によって事前の
段階でそもそも損害賠償等が役員に課されにくいと。そういう保護構造で米
国企業は役員は守られているわけですね。

　内海　スクイーズアウトについての裁判例で、直接訴訟なのか株主代表訴
訟なのかの判断が争点となったものがあります[18]。少数株主がスクイーズア

ウトに対して役員に対して損害賠償責任を提起したのに対して裁判所は、直接訴訟にも株主代表訴訟にもどちらにも該当し得るとした上で、株価下落等に留まらない当該株主特有の損害を被ったと認定して、直接訴訟であると判断しました。すなわち、Tooley Test を適用しつつ、株主が被った損害の具体的内容や性質を加味して直接損害か間接損害かが判断されているものと言えます。ただ当該事案では、補償請求は争点となっていませんでした。

　山中　米国では、社外取締役が株主や投資家から提訴された場合に審理 (trial) を経て個人の出捐が生じた事案は、1980 年から 2005 年までの期間では先ほどのバンゴーコム事件しか見当たらないとの研究[19]があります。

　最近では、支配株主かつ CEO が行った会社の非公開化事案で、当該支配株主かつ CEO が少数株主から株式を購入する際の価格決定について、株主に対する損害賠償責任を 2 名（当該支配株主かつ CEO 1 名及びその右腕のような取締役 1 名）に負わせたデラウェア州衡平法裁判所の判断（ドールフード事件[20]）が 2015 年にみられています。この事件では、具体的には、当該価格決定の際に当該支配株主かつ CEO が当該右腕のような取締役を委員会での価格決定に参加させ、その際に当該取締役が提出した資料において虚偽の記載を行ったというものでして、詐欺 (fraud) があったと判決で認定されています。その際、102 条(b)項(7)号が免責を認めない誠実義務違反 (not in good faith) があるとされ、異なる文脈でも、当該取締役の行為は誠実義務及び忠実義務に反するものである (bad faith and disloyalty) とも判示されています。

　アメリカでは、誠実義務違反を裁判所が確定判決で認めるのを両当事者とも好まず、その前に和解することが多いとされていますが、そのような状況の中で、本件は誠実義務違反が判決で認められた珍しい事案のように見受けられます。取締役に故意があれば、保険会社もさすがに免責を主張してくる

[18]　Barmash v. Perlman, 40 Misc.3d1231（A）, 1 980 N.Y.A.2d 274（Table）（N.Y.Co., July 3, 2013）.

[19]　Black, Cheffins & Klausner, *supra* note 17, at 1059-60, 1065 tbl.1.

[20]　*In re* Dole Food Co., Stockholder Litig., Consol. C.A. Nos. 8703-VCL & 9079-VCL（Del. Ch. Aug. 27, 2015）.

でしょうから、和解に向けた当事者の誘因が異なってくるということかもしれませんが、本件ではなぜ和解がされなかったのかということも興味深いかもしれません。いずれにせよ、本件は145条の世界でも会社補償が認められない事例であると考えられます。

　武井　非公開化における対価の適正性の提訴も、株主代表訴訟ではなくdirect suits の形態に該当するわけですね。したがって、bad faith であると判決で明言されない限り、会社補償は可能であると言うことになりますね。

　神田　2点申し上げたいと思うのですが。1つはこの研究会の場で私も言ったことがあるのですが、102条(b)項(7)号で to the corporation or its stockholders と言っているので、アメリカ法のこの規定では会社も株主も一心同体になっているということです。

　もう1点は、もし株主クラスアクションで株主に対して直接払った損害賠償金が補償ができて、代表訴訟で会社に対して払った損害賠償金が補償できないとすると、まさに証券訴訟について学界で議論があるような話になるように思われます。前者の方で株主に直接払ったものを会社から返してもらうということは、他の株主から返してもらうことになるのです。

　武井　なるほど。

　神田　ですから、株主に対して役員が払ったものを会社が補償すると言うことは、会社が株主に払うということであって、結局いわゆる株主間の利益移転になるわけです。しかし証券訴訟のときは、それは会社役員からその後求償で取れるということですかね。でも今の話のように逆に補償を請求するということは、それとはまさにバッティングすることですから、求償を責任の問題としては捉えていないということを意味しかねません。だから2段階ジャンプがある話になるのです。そうだとすると実際問題としてどのくらい起きるかはともかくとして、重要な論点となります。

　アメリカでは日本と違って、会社法の株主クラスアクションはたくさんあります。補償についての判例はないかもしれませんが、少し調べてみる必要がありそうですね。

　武井　なるほど、ありがとうございます。

　ちなみに欧米では、会社が行う会社補償以外に、主要株主が役員に対して補償を提供する事例も結構あるようです。株主間の負担移転が自ら行われている例となります。

　中山　責任免除の102条の方は、shareholdersとまで言及することで、むしろ広く会社側に処分権を与える方向で広げたということで、145条でも、会社補償の範囲を広げるために敢えてshareholdersを抜いたということはないでしょうか。

　神田　ただ、私がアメリカ法の感覚から言えば、102条(b)項(7)号と比較したときに、145条は解釈できるから書いていないのではないかと。だからshareholdersを相手とする訴訟になった場合に補償してもらえますと言うのは、条文の文言からはそう読めても実質論として妥当なのか、気にはなります。

　これは日本でも重要な論点となります。第三者からの訴訟なら補償できるとか、株主を原告とする訴訟は429条1項との関係では第三者による訴訟ですかという話になりますからね。429条1項については原理的な争いはあるものの、実質論としては株主は代表訴訟でやってくれという裁判例もありますし、日本法的にもきちんと整理しておきたい論点です。

　次に、この事前の責任限定と事後の会社補償との関係がなぜ問題になるかということなのですが、さっきの類型論で費用の問題と損害賠償金の問題を分けますと、会社との間で訴訟している場合には、損害賠償金の方の問題がまさに事前の責任限定に関する規定と正面衝突しますよね。

　松本　はい、その通りです。

　神田　だけれども、第三者を相手に訴訟をしている場合は、会社に対する訴訟とは重複しないと言うか、厳密に言うと、重複する場合と重複しない場合があります。

　例えば、分かりやすい例として、取締役が対第三者訴訟で、費用も払い、賠償金も払うという場合には、会社に補償を請求しても、別に会社に対して責任を負っているわけでもないので、責任限定に関する規定との牴触はないわけです。

　他方、会社と取締役が共同で連帯して第三者に責任を負っていて、会社が第三者に損害賠償金を払った場合において、内部的な責任割合が会社と役員とで1：1だとしますと会社が役員に対して求償しますので、その場合は責任追及と同じだから、まさに責任限定の規定と抵触します。ですから、それを整理して、場合分けして整理しておく必要があると思います。

　松本　DGCL102条(b)項(7)号で対会社責任について規定があるので、会社補償については対会社責任を厳しく条文上設定しているという説明ができるでしょうか。

　神田　私の直感では145条と102条とは無関係で、先にデラウェア会社法145条があって、後から102条が入ったので、両者は equal dignity（同じ重み）というか、両方対等に存在している。その結果どうなっているのですかと聞かれると、補償の規定とバッティングが生じていますと。そこまで考えて補償の規定を整理したと言えるのですかと。

　難しいのは、証券クラスアクションを例にすると、アメリカでも立法論的な議論で一番よくある議論というのは、会社が損害賠償金を支払っても、悪いことをした役員に対しては求償するという場合です。本来は役員の責任であるにもかかわらず、会社が支払うのは、株主間の利益の移転だからおかしいという有名な議論がありますが、他方で、投資家が役員を訴えても損害賠償金を取れないから、被害者救済という観点からまず会社が損害賠償金を払いましょうという話があります。

　そうなると次に、実際に虚偽記載があったならば虚偽記載を行った役員に対して会社が求償すべきということになります。そのロジックで言うと、証券クラスアクションというのはやはり会社が払って、会社が和解するもので、それで役員に求償するとなると、役員の会社に対する責任の方が問題になりますよね。そうすると、求償イコール責任と呼んでよいかという論点があります。その辺をうまくまとめられるとすごくよいのですが難問だと思います。

　先ほど紹介があった裁判例8の事例[21]では、会社は潰れてしまっているのでしょうか。でも補償をしているということは会社は生きていることですよ

ね。なぜ役員だけが負けているのでしょうか。

田端　会社は潰れていますね。

神田　やはり潰れていますか。

そうですよね。会社が潰れていなければ通常は役員は証券訴訟の被告になりませんから。

内海　この裁判例8の事案では、当該会社はチャプターイレブンにより更生手続に入り、2年後に別会社に合併されております。役員は旧会社と新会社の両方を被告として補償請求をしましたが、旧会社に対する補償請求のみが認められ、新会社に対する補償請求は否定されております。そして旧会社は更生計画の中で、役員の旧会社に対する補償請求権を上限を付した上で維持する旨を決定していたため、旧会社に対する補償請求権が残っており、補償請求を認める判決が可能となりました。

神田　米国の実務では役員個人を訴える証券クラスアクションは、おそらく会社から取れないときだけだと思うのですね。会社にお金はあるのですし。

いずれにしても、まとめとして言うと、DGCL145条にはいろいろな問題があるし、それからDGCL102条(b)項(7)号との関係も先ほど中山先生がまとめられたとおりだと私は理解していて、次元の違う話だということですかね。少なくとも日本人というか、外の人間の目から見るとDGCL145条もいろいろ難しい解釈問題があるように感じますね。

武井　ありがとうございます。確かに米国の調査結果でも、証券クラスアクションで役員個人が訴えられるケースは大半が会社が倒産している場合となります。

アメリカでの求償関係についてはより調べて見る必要があると思いますが、102条(b)項(7)号があることと、英米法の一般原則では故意の不法行為者や違法行為者には他の共同不法行為者に対する求償はできないので、求償と

---

(21)　Levy v. Hayes Lemmerz Int'l., Inc., 2006 4WL 985361（Del. Ch. Apr. 5,2006）.（Del. Ch. Apr. 5, 2006.

補償との関係が現実には問題にならない面があるように思います。求償の明文規定が置かれている証券法の虚偽記載等の証券クラスアクションの場合は例外ですが、この場合も 95 年の連邦証券改革法において立法的手当がなされており、求償と補償との関係は整理されていることとなります。

山中　少し補足させていただきますと、アメリカでは、会社が倒産していない場合でも証券クラスアクションの被告に取締役が含まれていた時期があったようです。これは、当時の D&O 保険が取締役と執行役員を保護し、発行会社を保護していなかったこと、また、取締役等は和解に向けた誘因を発行会社よりも強く有すると考えられたことが背景にあったようです[22]。これは 1990 年代前半頃までの状況です。その後、1990 年代後半頃から、発行会社も D&O 保険（entity coverage, Side C）によって保護されるようになり、取締役等を被告に含めるという原告の誘因が低下したと考えられます。

その上で、証券クラスアクションは 145 条(a)項の対象になりますので、取締役等に誠実義務違反がない限り補償は広く認められ、しかも多くの場合において当該補償は義務化されていますが、補償は無制約に認められるわけではなく、公序（public policy）の観点からの制約が働いており、特に、証券取引委員会（SEC）は、証券クラスアクションのうち、1933 年証券法（Securities Act of 1933）が根拠とされるものについて、取締役が投資家に対して負担する損害賠償金に補償することは証券法上の公序に反するとの立場を伝統的に採用してきています。これは、不実開示の抑止に配慮しているということのようでして、取締役が勝訴した場合の防禦費用に対する補償は公序に反しないとされています。公序に反するかどうかは、最終的には裁判所が判断することになります。

このような公序による制約と求償（contribution）が問題になった例として、1971 年のニューヨーク州東部地区連邦地方裁判所の *Leasco* 事件[23]があります。これは、Side C の D&O 保険が普及しておらず、定款免責（DGCL

---

[22]　*See, e.g.,* Janet Cooper Alexander, *Do the Merits Matter? A Study of Settlements in Securities Class Actions,* 43 STAN. L. REV. 497, 530, 550-51（1991）.

[23]　Feit v. Leasco Data Processing Equip. Corp., 332 F. Supp. 544（E.D.N.Y. 1971）.

102条(b)項(7)号）も認められていない状況の下で、登録届出書（registration statement）に重要情報の過失に基づく不開示があったとして投資家が1933年証券法11条を根拠に発行会社とその取締役の責任を追及し、発行会社と3名の取締役の責任が認められた後、発行会社は、全額を自社が負担し当該3名の取締役に求償はしないつもりであることを伝えた上で、取締役に補償しても公序に反しないとの認定を裁判所に求めたとされています[24]。SECはこれに反対の立場でした。結局、取締役3名の合計で5,000ドルという比較的少額を取締役が会社に対して支払うという合意により公序に反しないと裁判所は判断したようです[25]。ここでは、会社が取締役に求償せずに補償することが公序の観点から認められるかどうかが問題になっています。

　1990年代後半以降は、D&O保険のSide Cによって発行会社の損害が塡補されるようになり、証券クラスアクションでは発行会社がまず被告とされ、また、会社が取締役に求償する実質的な根拠がなくなったと考えられます。発行会社だけが被告になっている場合でも、仮に発行会社と取締役等の両方が被告になっている場合でも、D&O保険で全額が塡補されている限り、取締役等に対して求償はされないのではないでしょうか。なお、発行会社に損害が残っている場合には、求償が考えられ、株主が派生訴訟で求償を求めることも可能とされています。

　その上で、法律論として気になるのは、証券クラスアクションの場合で、取締役等が投資家から直接に責任追及されると145条(a)項の対象として補償が広く認められうるのに対し、発行会社のみが投資家から責任追及され、その後発行会社から取締役に対して求償された場合に、仮にこの部分が派生訴訟の対象になるとすると145条(b)項の対象になると解され、補償が認められる範囲がこれらの場合で異なるという点です。また、この場合の求償については、取締役の誠実義務違反が判決で確定していないので、定款免責の対象になるのでしょうか。さらに、仮になるとすると、これらのいずれの場合に

---

(24)　*See* Joseph W. Bishop, Jr., *New Problems in Indemnifying and Insuring Directors: Protection Against Liability Under the Federal Securities Laws*, 1972 DUKE L.J. 1153, 1161-62（1972）.

(25)　*See id.* at 1164.

おいても費用（弁護士費用を含む）の補償は認められていますので、定款免責の対象になるのであれば、補償が認められる範囲についての145条(a)項と(b)項の相違は実際には問題にならないということなのでしょうか。もっとも、いずれにせよ D&O 保険で全額が填補されている限り実際には問題にならないということかもしれません。

　以上は、典型的と考えられる証券クラスアクションの場合ですが、それとは別の共同不法行為者間の求償について、デラウェア州では、Uniform Contribution Among Tortfeasors Law（DUCATA）が、求償を定義しつつ、補償に影響しないともしております[26]。会社の売却に係る直接訴訟でこの DUCATA、求償及び 102 条(b)項(7)号が問題になった事案として、*Rural/Metro Corp.* 事件[27]がございまして、直接訴訟の場面でも、取締役は定款免責（102 条(b)項(7)号）で保護されており、免責される場合は共同不法行為者に含まれず、求償されないようです[28]。

　武井　ありがとうございます。米国では責任限定契約が効いていることもあって、そもそも取締役は会社から求償を受けていない構造になっているわけですね。

(3)　イコールフッティングの観点から日本の会社補償に求められる事項

● **米国は「対会社責任は訴訟委員会制度で役員保護、対第三者責任は会社補償で役員保護」であり日本の役員保護よりもかなり手厚い**

　武井　会社補償の話というのは、もともと役員の就任環境と言うことでのイコールフッティングの観点が重要となります。ただ会社補償の法制についてだけ眺めるのではなく、責任免除であったり、株主代表訴訟における訴訟委員会制度であったり、そういった周辺制度まで含めて広く鳥瞰して、役員

---

[26]　Uniform Contribution Among Tortfeasors Law, DEL. CODE ANN. tit. 10, §§ 6301, 6302, 6305 (2017). デラウェア州ウェブサイト（http://delcode.delaware.gov/title10/title10.pdf）参照。

[27]　*In re* Rural/Metro Corp. Stockholders Litig., 102 A.3d 205（Del Ch. 2014）, *appeal dismissed*, 105 A.3d 990（Del. 2014）.

[28]　102 A.3d at 249-52.

の就任環境について考える必要があることが浮かび上がってくるのだと思います。

　米国の上場企業の取締役は、個人利益を図ったインサイダー取引や忠実義務に反した事例でない限り、①責任限定、②訴訟委員会制度と経営判断原則、③会社補償と D&O 保険の３点セットによって、個人でなんらかの自腹での出捐を負わされることはまずないと言われています。

　特に oversight の責務を担う立場の役員については、防禦費用のみならず仮に和解等で支払いを命じられたとしても、自腹での出捐はなされていません。会社補償等の形での会社であったり、D&O 保険の形での保険会社であったり、主要株主であったり、第三者等が最終的に負担していることになります。

　こうした点は、日米の役員の就任環境のイコールフッティングの観点からも認識すべき点だと思います。

● 米国では費用の前払いが手続上の制約なく広範に認められていること

　武井　また、会社補償について絞ってみても、米国は会社法 145 条などをたびたび改正してきており、そこでの議論などを見ていますと、日本の会社補償について考えるに当たって参考となる点がいろいろとあることがわかります。法改正の詳細は本書第４章に所収されております、本研究会にもご参加された山中先生のご論稿をご参照いただければと思います。

　争訟費用等の前払いは、ほぼすべての上場企業の補償契約において義務的補償とされており、かつ特段の事由がない限り返還が求められていないと言うことです。

　例えば、費用の前払いについて、法的に補償できないことが ultimately に決定された場合に返還する旨の undertaking さえ出していれば、幅広く前払いがなされています。前払いの都度都度での社外役員を中心とした取締役会決議も、前払いを行う時点において当該役員が誠実行為基準を満たしているかどうかの判断することも、不要です。1986 年の改正では、前払いをした費用について、補償を受けられる誠実行為要件を満たせていると決定され

ていない限り要返還と読めたところを、原則として返還が現実には不要となるように緩和をする改正をしています。

代表訴訟の応訴費用についても会社補償が可能ですが、この点についても裁判所の事前承認を不要とする法改正もなされています。

また、会社補償の射程としてカバーされる範囲として行政上の各種調査に対する防禦費用も前払いが可能であると 90 年に改正されています。

● **補償契約の利用による義務的補償の拡充と代表訴訟に対するプロテクション**

武井　あと先ほどもお話があったとおり、補償契約が義務的補償の形態で広く活用されています。アメリカの法制では勝訴と不誠実の中間についてはすべて会社が任意的補償を行える世界となります。そこを契約で義務的補償という形で明確にして、会社が補償を行う裁量を役員側に有利な形で明確化しています。争訟費用の前払いについては先ほども触れたとおりですが、さらには、株主代表訴訟の文脈においても、代表訴訟はあくまで会社が役員に対して義務違反を追及するものなので、good faith の推定が働いた会社補償契約が免責条項として締結されていることが、原告株主側に対する 1 つの重要な防禦として機能しているという面もあります。

5　日本法における整理

(1)　**日本民法上の規律——必要な費用は義務的補償、損害賠償金は無過失がデフォルト**

〔図表13〕　民法の関連規定

> **民法**
> **第六百四十九条**（受任者による費用の前払請求）
> 　委任事務を処理するについて費用を要するときは、委任者は、受任者の請求により、その前払をしなければならない。

> **第六百五十条**（受任者による費用等の償還請求等）
> 1　受任者は、委任事務を処理するのに必要と認められる費用を支出したときは、委任者に対し、その費用及び支出の日以後におけるその利息の償還を請求することができる。
> 2　受任者は、委任事務を処理するのに必要と認められる債務を負担したときは、委任者に対し、自己に代わってその弁済をすることを請求することができる。この場合において、その債務が弁済期にないときは、委任者に対し、相当の担保を供させることができる。
> 3　受任者は、委任事務を処理するため自己に過失なく損害を受けたときは、委任者に対し、その賠償を請求することができる。

　武井　ここから日本法の話に入ります。松本さん、お願いします。

　松本　日本法上、民法で委任の規定があり（〔**図表 13**〕）、民法 650 条 1 項の費用償還請求権及び同条 3 項の損害賠償請求権が受任者に対して認められています。特に費用につきましては民法 649 条で前払いをしなければならないとされています。

　具体的には、民法 650 条 1 項の費用償還につきましては、受任者は委任事務を処理するのに必要と認められる費用を支出したときは委任者に対しその費用等の償還を請求することができるとされています。これに対して、損害につきましては、同条 3 項で、「受任者が委任事務を処理するため自己に過失なくして損害を受けたときは、委任者に対し、その賠償を請求することができる」とされています。民法 649 条の費用前払いにつきましては、「委任事務を処理するについて費用を要するときは、委任者は、受任者の請求により、その前払いをしなければならない」とされています。

　民法の規定では費用と損害を区別していまして、費用につきましては、主観要件、故意過失などを問わず、必要であるかどうかという必要性のみで判断をしています。また必要がある費用は義務的補償というのが民法のルールになっています。

　これに対して、損害につきましては、受任者の無過失が要件とされています。

　費用について主観要件を問わずに必要性のみで判断している趣旨として

は、委任というものはそもそも委任者のためにその事務を処理する契約であって、受任者に損害を生ぜしめないことを要するということで、必要な費用についてはすべて償還すべきということで償還されていると解されています。

　武井　損害賠償請求権の民法 650 条 3 項は任意規定ですね。

　松本　そうですね。民法上このように定められていますが、任意規定と一般的に解されていますので、別途合意がなされた場合にはそちらに従うということになると考えられます。

(2)　損害賠償金の補償を認めている税法の世界

　松本　現行法上、会社補償と厳密に言うかどうかは別として、いろいろな実務上の「会社補償」的な取扱いが周辺的な領域としてなされていると考えられます。

　具体的には、例えば会社の利益に資する場合に、会社が弁護士費用の立替払いを行う場合ですとか、役員と会社が連帯責任を負う場合に会社が損害賠償金を支払うというような場合が考えられます。

　このような会社による損害賠償金の支払いにつきましては、所得税基本通達[29]や法人税基本通達[30]に規定が設けられていまして、実務上このような取扱いがなされていることが推測されます。

---

[29]　所得税基本通達 36-33
　　使用者が役員又は使用人の行為に基因する損害賠償金（慰謝料、示談金等他人に与えた損害をほてんするために支出する全てのもの及びこれらに関連する弁護士の報酬等の費用を含む。以下この項において「損害賠償金」という。）を負担することにより当該役員又は使用人が受ける経済的利益については、次による。（平 23 課個 2-33、課法 9-9、課審 4-46 改正）
　　(1)　その損害賠償金等の基因となった行為が使用者の業務の遂行に関連するものであり、かつ、行為者の故意又は重過失に基づかないものである場合には、その役員又は使用人が受ける経済的利益はないものとする。
　　(2)　その損害賠償金等の基因となった行為が(1)以外のものである場合には、その負担する金額は、その役員又は使用人に対する給与等とする。ただし、その負担した金額のうちに、その行為者の支払能力等からみてその者に負担させることができないためやむを得ず使用者が負担したと認められる部分の金額がある場合には、当該部分の金額については、(1)の場合に準ずる。

⑶　会社補償に関する契約等を定めるメリット

松本　次にこうした民法の世界に加えて、役員との間で会社補償についての契約等を整備する必要性やメリットについて述べます。

1点目として、民法上は必要性が認められる限りにおいては費用の補償、会社補償的な取扱いはできると解されるのですが、必要性という要件の解釈について、必ずしも会社補償の分野では解釈が積み重なっていないので、見る人によっては狭く解釈される可能性があるという点があります。

もう1点は、民法上は損害については無過失が要件とされている一方で、会社補償が問題になる場合は、役員に過失が認められて役員が損害賠償責任を負うという場面も多いと考えられますが、その場面については民法では全くカバーされないということになります。

最後は補償の実行についての予測可能性の問題です。補償が問題となる場面において、アドホックに会社が「会社補償」的な取扱いをするということは現在も実務上なされており、その場面になって民法の条文を使って補償を求めるということも可能ではあると考えられます。しかし、それでは補償が問題となる場面にならないと補償がされるかどうかということは明らかにな

⑶　法人税基本通達9-7-16

法人の役員又は使用人がした行為等によって他人に与えた損害につき法人がその損害賠償金を支出した場合には、次による。

⑴　その損害賠償金の対象となった行為等が法人の業務の遂行に関連するものであり、かつ、故意又は重過失に基づかないものである場合には、その支出した損害賠償金の額は給与以外の損金の額に算入する。

⑵　その損害賠償金の対象となった行為等が、法人の業務の遂行に関連するものであるが故意又は重過失に基づくものである場合又は法人の業務の遂行に関連しないものである場合には、その支出した損害賠償金に相当する金額は当該役員又は使用人に対する債権とする。

法人税基本通達9-7-17

法人が、9-7-16⑵に定める債権につき、その役員又は使用人の支払能力等からみて求償できない事情にあるため、その全部又は一部に相当する金額を貸倒れとして損金経理をした場合(9-7-16⑵の損害賠償金相当額を債権として計上しないで損金の額に算入した場合を含む。)には、これを認める。ただし、当該貸倒れ等とした金額のうちその役員又は使用人の支払能力等からみて回収が確実であると認められる部分の金額については、これを当該役員又は使用人に対する給与とする。

りません。優秀な人材を確保するとか、攻めの経営を後押しするといった観点からは、最初から補償が確実に実行されるという予測可能性を担保することが大切になると考えられます。

　このような現状の課題・観点から、米国のように会社補償契約などの取扱いを検討していくことが望ましいのではないかと思われます。

(4)　会社補償の世界以外で会社が普通に負担している費用等

　中山　日本法の下でも既に民法や一定の実務上の「会社補償」的な取組みというのはあったわけですが、その中で実際に今まで実務において行われていたものというのはどういうものがあったのでしょうか。

　松本　まず現在実務上行われている「会社補償」的な取扱いとしては、旅費等の費用を会社が負担するというものがあります。これは従業員の場合であっても役員の場合であっても行われている取扱いです。

　例えば出張の際に利用する新幹線の費用などを会社が持つということは当然に行われているところです。ただ、これが法律的にどう整理されるかというのは不明確なところがあります。役員の場合は先ほど申し上げた委任に関する民法650条1項がありますが、他方で従業員の場合には委任の規定は適用されないので民法上は明文の規定はないように思われます。役員の場合も、民法650条1項に基づいて会社が費用を負担しているという意識が必ずしもされているとは限りません。実際には最初から会社が支払うということもされているように思われます。なので、役員を通さずに実務上のこの取扱いはまさに民法の明文ではない、第三の世界の取扱いがされているのではないかとも思われるところです。

(5)　報酬／費用／損害の三分類

　田端　今お話したことを図に表したのが〔**図表14**〕です。

　役員の場合も従業員の場合にも、まず報酬を支払うという世界があります。役員については会社法上手続的な規制はありますが、払ってもらったお金の使い道は自由というのが報酬です。次に、役員にだけあって従業員にな

〔図表14〕 報酬／費用／損害の三分類

	A 労務給付の対価（報酬）	B 労務の給付過程で労務者に生じる出費		C その他
		労務者が立替えた費用	労務者の受けた損害	
委任（役員）	特約に従い会社に支払義務有（民法623条）。用途自由。	委任事務の処理に必要な費用について、会社に支払義務有（民法649条、650条1項）。	受任者が無過失である場合に限り、会社に支払義務有（民法650条3項）。	会社は、その裁量により、負担範囲を決定。それ以外は、役員・従業員の自己負担。
雇用（従業員）	会社に支払義務有（民法648条）。用途自由。	会社に支払義務なし（民法上は想定されていない）。		

い世界というのが、民法649条と650条の世界です。役員について、必要な費用を補償し、無過失である場合の損害賠償金を会社が負担することが民法上は予定されています。他方で従業員の方にはそれに対応する条文はありません。民法の立法時の議論を見ると、従業員についても650条のような費用等の償還請求に関する条文を作るべきではないのかという意見と、他方で従業員が要らないのであれば役員についても要らないのではないかという反対の意見もあり、一応役員と従業員で取扱いがずれているということは意識されていたようです。結論的には現行法のように役員と従業員では別の取扱いになっています。その他に先ほど申し上げた出張費を会社が直接支払う等の、会社が自ら契約して負担する世界があると考えられます。

神田 民法上存在している概念としては費用、損害、それから報酬という概念がありますね。

〔**図表14**〕のBには必要性の要件や無過失性の要件というのがあるので、その分狭いです。

報酬は図表のAですね。

　費用と損害は、上段の委任は民法の規定があり、下段の雇用の方は何も規定がないわけです。上段の委任は費用についての必要性要件、損害についての無過失要件があるので、それを超える部分は契約で書かないと補償の対象とできないという状況です。会社が裁量により支払っているというものについて、実際上は会社が先に払っているから問題になりませんが、仮に取締役がそれを支払ったら会社から補償してもらえるのか、その性質は損害、費用、報酬のいずれでもないのかどうか。民法上の概念としても、会社法上の概念としても、私法上の概念として、答えはどうなのでしょうか。

　中山　例えばタクシーを役員・従業員が利用する場合にタクシー代を自分で払えば後から代金相当額を会社からもらいますし、タクシーを会社があらかじめ手配する場合には会社が代金を払っているというように、会社が自ら負担して支払うケースのうちほとんどは費用のような気がします。

　武井　例えば、会社のユニフォームは、従業員が着たいと思って着ているというよりも会社からの指定だから着ているとすると、そのユニフォーム代を会社が負担しています、という例もありますね。

　中山　そうですね。民法の委任の規定に沿った取扱いとしては、自分でユニフォームを決めるということはないと思うので、会社からこういう服を買って来て下さいと言われ、従業員が自分で買って来たら、会社がその費用を払いますということになります。本質的に突き詰めて行くと、受任者なり従業員が何かをやるために必要な費用や、委任事務処理や業務に関連して自分の財産が減ってしまったという損害のどちらかの補填という意味合いという気がしています。

　神田　そういう整理でよいと思います。1つは民法の任意規定でカバーされない費用と損害という領域があるということですね、例えばC-1、C-2というようにしましょう。なぜそういうことを言うかというと、会社法上どういう概念があるかと言うと、補償の規定はありません。他に例えば取締役の場合は会社法330条で株式会社と役員との関係は委任に関する規定に従うと書いてあるので、民法の適用があります。これは任意規定ということでしょう。他にもう1つ、会社法388条で監査役が職務執行について会社に請求す

る費用等については強行法的に補償請求権を定めています。さらに、会社法361条の報酬の規定があります。そうすると、やはり概念整理は同じになって、私法上は、報酬、費用又は損害のいずれかということになると思います。

　会社法が民法と違うところは報酬についてでして、任意規定ではないので会社法上の手続を踏まないと支払えず、逆に言えば手続を踏めば払えるということになっています。

　これに対して、費用と損害は、役員の場合には会社法330条があるので、結果的に民法の世界になります。そうだとすると、民法の委任の規定でカバーされない費用・損害の領域をそれぞれC-1、C-2と定義すれば、会社の役員の仕事からすればこのような費用や損害は発生する場合が十分考えられるので、それに対応するための補償指針ですというように、要件が明確化されると思います。これがB-1、B-2を含めた費用・損害についての補償契約を締結する意義です。立法論を別にして、やはり会社補償について規定を置く意義というのは、この点にあるように思います。

　そして、これは後ほど言うべきことかもしれませんが、役員に対する補償が役員の会社に対する責任と結果的にバッティングするような場合があります。先ほどお話があった会社法424条以下の責任免除の規定が解釈としてはまず優先すると言わざるを得ず、最低責任限度額相当部分については補償はできないことになります。それから、そのようなある意味利益相反性があるシチュエーションが他にもあるとすれば、今度は利益相反取引に関する手続を踏む必要があるわけです。現行法の建付けはこのようになっていますということのほうが分かりやすいと思います。ただ、大事なのは実質論なので、実質論をするために法律上の概念整理が必要です。実質論に即した分類というのもあり得るかもしれないです。

(6)　会社法の世界における手続的規律

　中山　これまでお話があったように、現在行われている会社補償的な取扱いについては、既に民法等で説明のつく部分もあるわけですが、一方で会社

法の観点から手続的な規制をどう考えるかという点については、必ずしも明らかとなっていない点があります。

　手続的規制が求められる理由としては、会社法の特有の視点として、まず取締役・役員の規律というものを考える必要があります。例えば、会社補償では、個人責任リスクを低減して、攻めの経営をさせるという動機付けが重要であるものの、一方で、これはよく言われるところでもありますが、補償を過大に行ってしまえば、役員の放漫な経営やリスクを過度に取り過ぎることということが起こりますので、そうした違法行為の抑止機能というものが減殺されます。また、構造的利益相反類似の問題ということで会社と役員の利益が対立しているような局面というものも起こり得ます。こうしたものまで補償してしまうと、これはむしろ会社の利益を損なう危険もあるわけです。

　そうした観点から、2015年の会社法解釈指針では、事前に補償契約を締結することによる補償範囲の明確化や補償契約締結のための取締役会決議と社外取締役の関与といった手続的な規制の必要性ということに言及しています。この会社法解釈指針の2つの要件をもう少し具体的に検討したものが、今回の会社補償実務指針になります。

6　会社補償実務指針案について

　武井　では、会社補償実務指針案について取り上げたいと思います。ここでは何点か補足的な箇所だけを取り上げていきたいと思います。

(1)　関連性要件

　中山　会社補償実務指針案においてはいくつか中心的な概念があり、これまで議論してきた米国法等との比較を踏まえて、概念整理を最初にしています。

　費用や損害が補償の対象範囲に含まれるための要件について、1つ目の重要な要件は関連性という要件です。これは役員の地位又は職務執行と関連性

を有することと定義しています。まず民法との関係で言いますと、関連性という要件は必ずしも必要性のあるものに限らないということを含意しています。逆に役員の地位や職務に関係ないものや、専ら役員個人の利益を図るために行った行為から受けたものは、関連性を有しないものとして、そうした不適切なものを補償対象から排除する要件として機能することを意図しています。その意味では、先ほど紹介しました、米国の"by reason of"、すなわち「役員であることを理由として」という基準とも近いものだと考えています。

(2) 会社利益要件

中山 もう1点重要な要件としましては、「補償が会社の利益に資すること」という会社利益要件というのがあります。これは米国の先ほどの役員誠実行為要件というものを踏まえたものですが、先ほど米国法の紹介でありましたように役員誠実行為要件の中身というのはなかなか日本法の概念にそのまま当てはめることは難しいところがあります。しかし、実際には非常に限定的なケースに限られるとはいえ、補償が否定される場合もあり得ることからすれば、何らかの基準は必要となります。その観点から、会社補償を必要とする趣旨に戻って「補償が会社の利益に資するかどうか」を基準とし、それを最終的に補償委員会がその裁量によって判断をするという枠組みを提唱しています。

(3) 争訟費用等と損害と規律を峻別した補償

中山 もう1つ重要なポイントとしまして、争訟費用等と損害の規律を峻別していることです。

争訟費用等については、最終的な責任の有無や確度にかかわらず当初から発生するものであること、適切な防禦活動を初動段階から行うことは会社の利益に資することが多いといった事情があります。こうした意味から言いますと、米国と同様、基本的には関連性要件が認められれば義務的に会社が防禦の争訟費用等を支払うことが望ましいものと考えられます。

　一方、損害については、実際に責任が認められた内容に応じてそれを補償すべきかどうかという判断を求められる場合もあると思われることから会社利益要件というものを立てまして、これに基づいて補償するかどうかの判断を行うべきと考えています。

　なお、損害について、米国を参照すると会社利益要件の充足を契約上推定するという考え方もありえます。我々の補償指針案ではそこまでは採用していません。これは、日本においては米国のように役員誠実行為要件に関する判断が蓄積されていない状況ですので、適切に推定規定を規定するというところまで行くことは今の段階では困難ではないかと考えるからです。もちろん今後日本でも実務が発展し、ある種の条件の下では、会社利益要件を推定して良いといった判断が蓄積されれば、一定の推定規定というものを設けることを考えられようと思います。

　争訟費用等と損害の中間にあるものが和解です。和解に至るまでの争訟費用等はこれまで述べた争訟費用等の規律と同様です。そして最終的に支払われた和解金については、我々の指針の中では損害に準じて、和解の判断にあたって、会社利益要件を踏まえて、会社の同意をその段階で求めるといった形のものを提案しています。

⑷　関連性のある費用の前払いは手続的制約なく幅広に認めるべき

　武井　ありがとうございます。何点か補足します。

　第1に、報酬で会社が負担する場合は、会社法上の報酬手続の規律に従うことになりますので、そうした報酬で支払う場合については、今回の補償指針案の社内手続フローの射程外となります。

　第2に、争訟費用等は先ほどの整理で言うところの費用となります。そして費用の前払いが義務的補償の形でかなり幅広に可能であると言うのが欧米の現状であるということは先ほどご紹介したとおりです。こうした欧米とのイコールフッティングに照らして、本指針案では、関連性要件を業務執行役員が適正に判断することで前払い可能であり、費用の相当性の縛りは別途かかってきますが、費用の前払いの都度都度での取締役会決議までは不要であ

るとしています。費用の支払いの度の取締役会決議を求めるのでは、任意的補償であり義務的補償になりません。最初の補償の基本方針の段階で、会社法解釈指針に則って、社外取締役全員の同意による取締役会決議を経ていますし、義務的補償とすることが欧米とのイコールフッティングに照らしても適切であると考えられます。

第3に、和解金も、その性格は損害に該当します。ただ役員が和解することについて会社が同意をするかどうかを決めるにあたり、補償委員会の判断まで必要かどうかはケースバイケースなのだと思います。欧米でも、第三者請求からの和解金については、役員誠実行為要件を満たしていないことが確定判決等で明確にされていない限り、会社が広く補償することが可能となっているところです。

⑸ 補償の全体像

中山 これまで述べてきたところをまとめたのが〔**図表 15**〕です。

争訟費用等、損害賠償金、和解金と3つのコラムがありますが、争訟費用等については職務執行との関連性があるものについては基本的に支払いをするということで、ここではAとBの領域です。先ほどの民法との整理で言いますと、必要性が明白にあるものは当然職務執行との関連性はあると考えられ、それがAの領域です。これは会社が本来民法に基づいて支払うべき費用ということになります。

一方、職務執行における必要性が明白にあるかについては議論があり得るものの、職務執行と広く関連性があるというものについても今回補償契約では支払うことができるという整理をしています。それがBの領域です。

一方、職務執行との関連性がないものについては、これは会社補償を支払うべきでないということで、Cの領域として整理しています。先ほど言いましたように、専ら自らの利益を図るような目的や会社の役員としての地位と全く関連しないような訴訟に関する争訟費用等はこのCという領域に入ります。

損害賠償金の場合は必ずしもこのABCという区別とは一致しない可能性

[図表15]　補償範囲マトリックス

	争訟費用等	損害賠償金	和解金
A	①職務執行との関連性あり ②職務執行における必要性が明白にあり補償契約がなくても補償可能 ＝会社が本来支払うべき （民法650条1項の世界であり補償契約がなくても補償可能） e.g. ・全面勝訴 ※業務執行行為として会社が判断（補償委員会の判断不要）	・連帯債務のうち会社の内部的負担部分まで役員が負担した額 ＝役員から会社に求償可 ・軽過失でも補償することが会社利益に適う場合 →会社がリスクを引き受けている？ ＝会社が本来支払うべき ・重過失（会社法429条等？）でも補償することが会社利益に適う場合 ○（役員側が無過失の場合には補償でない場合は650条3項を修正） 義務的補償とすか？ ○（上記と同様補償契約） 任意的補償 ・上記以外の悪意・重過失等＝bad faith（DGCL145(a)）で補償が適切でないエリア？ ×	(1)補償委員会による判断？＋和解の際に会社の同意を求めること補償委員会との関係 (2)義務的補償をつくる？ 補償委員会による判断？
B	①職務執行との関連性あり ②職務執行における必要性が明白にあるかについては議論があり得る ○（補償契約があると補償できることがより明確になる） ※上記同様に会社が判断	×	
C	①職務執行との関連性なし →そもそも「請求等」に該当しないと定義 ×（補償しない） e.g. ・利益相反 ・図利加害目的	①職務執行との関連性なし ×	①職務執行との関連性なし ×

があります。これは関連性がある中でも最終的に会社の利益にならないものについては、補償すべきではないという部分が出てくるからです。その意味で言いますと、職務執行と関連性がないというものはそもそも支払わないという点は同じですが、なお職務執行との関連性がある場合でも、会社の利益に適わないといえる場合には、補償範囲から除かれるものと考えています。二重線より上の部分が補償範囲として認められる領域、二重線より下の部分が補償が認められない領域として整理しています。

　神田　1つ大事な論点ですが、民法650条3項に該当している場合でも、会社利益に適うかどうかを判断するのでしょうか。民法650条3項に該当したとしても、会社利益要件を判断するということになると、結果的に民法よりも補償範囲を狭めることになります。そこは狭めないで、民法650条3項で払うという方が望ましいように思います。逆に、民法650条3項にあたらない場合でも、会社利益に適うかどうかの判断をした上で適う場合には払いますと言った方がよいように思います。

　中山　民法650条3項に当たる場合には、過失の有無という争点については役員は無過失ということになるので、ほとんどの場合、会社補償の枠組みでも支払われることになるのではないかと思っております。

　松本　過失を問わない責任というのはあり得ると思います。

　武井　無過失責任の損害賠償というのがありますね。

　松本　はい、理論的にはあり得ます。ただ、それを補償するか否かは、無過失責任とされている趣旨に照らした個別判断になるかと思います。

　神田　論理的には、会社利益に適うときだけ補償するという形で民法の規定よりも要件を厳しくする手もあります。しかしそれは解釈に委ねますということですね。

　中山　民法650条3項にあたらない、無過失ではないものの会社利益に適うかどうかの補償委員会の判断はどうなるのでしょうか。

　神田　民法650条3項の要件を満たさない場合であっても補償を行う場合があって、その場合には会社利益要件と関連性要件の両要件で払うかどうかを判断するという形ですね。

中山　補償委員会が補償を行うかどうか判断するときに、無過失だったら当然会社利益要件を充足すると判断するだろうということでしょうか。

武井　そもそも過失がなかったかどうかの判断についても誰がやるのかという問題があって、補償委員会を通すという考え方もあり得るのですよね。

神田　おっしゃる通りです。

中山　和解金に関しては基本的に損害賠償金と同様の規制になりますが、ただ和解の際に会社の同意を求めるかどうかという点に関してはさらに議論があるところと考えられます。

⑹　会社と役員が共同被告になっている場合の補償と求償との関係整理

神田　会社利益に適わないような場合にまで損害賠償金を負担することは妥当でないと考えられることから、Bの領域の中でも損害賠償金については補償しない領域が出てくるということでしょうか。

補償するものの中には、会社利益に適うという中でも性質としてはいくつかのものが含まれると考えられますが、その1つは、例えば会社と取締役が共同被告になって訴えられているような事案において、連帯債務のうち会社の内部負担割合部分を含めて一時的に役員が負担したケースが考えられます。そのようなケースは応用問題になりそうですね。

会社が内部負担割合を持つということは、先に会社が損害賠償金を支払った場合、その部分は役員には請求できないということです。つまり、役員の対会社責任に関する規律とのコンフリクトがない場合ですから、結論としては、もちろん補償してよいでしょう。

補償が難しい場合というのは、例えばですが、会社と役員が連帯責任を負っていて、第三者に対する損害賠償金が合計で役員報酬の年間5年分で、役員の内部負担割合が3年分という場合を考えます。責任限定契約で、報酬の2年分を超える部分は免除されていたとします。このとき、役員が一次的に第三者に損害賠償金を全額（報酬の5年分）支払ったら、後でその役員が会社からいくら受け取れるかというと、会社の負担割合の2年分はもちろん受け取れますが、役員の内部負担割合3年分のうち責任限定の2年分は受け

取れないということになります。これは会社補償と責任免除に関する規律との間でコンフリクトが生じるからです。そこは利益相反なのですが、最低責任限度額の2年分というルールが明確なので、2年分は補償されないという解釈になります。それを超える1年分については補償契約があれば軽過失があっても、会社利益に適うものであれば補償できるということになるのでしょうか。重過失の場合はどうかという問題は別途あるのでしょうが。

　今のケースの対会社責任との関係では、いわば会社法上の規範がはっきりしているので、最低責任限度額のルールが優先することになります。しかし、他の利益相反類似の場面一般について言うと、取締役会の承認等の利益相反取引の手続を踏まないといけないかという問題が生ずることが抽象的にはあり得ます。その辺の話は解釈に委ねていると言わざるを得ないと思います。

(7)　補償判断をした役員の善管注意義務

　武井　会社が争訟費用の返還請求を行うかどうかという判断において、補償委員会に入った役員が判断に当たって萎縮しないことが重要となりますね。その点についてもお願いします。

　中山　補償をすべきかどうかを判断する補償委員会の役割というのが重要になってくるわけですが、こうした補償委員会における判断というのも当然のことながら会社の経営判断の1つというべきだと考えられます。したがって、役員の善管注意義務違反についても経営判断の原則によって判断されるべきであり、たとえ事後的に関連性要件や会社利益要件を満たさないということが明らかになったとしても、必ずしもそのことから直ちに当時の補償をすべきという判断について補償委員会が責任が問われるということにはならないという整理で考えております。

　神田　経営判断の原則という言葉がよいかどうかは微妙なのですが、まずいわゆる利益相反行為を承認する場面とは類型的に違いますよね。逆に言うと、例外的に利益相反的なものについては解釈に委ねていると言わざるを得ないと思うのです。例えば、あまり良い例が思い浮かびませんが、提訴判断

をする際の善管注意義務、あるいは業務執行行為ではなくて監督行為をする際の善管注意義務違反が問題となるケースが考えられます。経営を判断しているのではないですから、経営判断原則とは普通は言わないですが、不提訴判断についての善管注意義務違反の有無を判断するときに適用されるようなケースです。要するに、そういう提訴判断とか監督行為の際の判断について善管注意義務違反の有無を評価するに当たって適用される考え方で、裁量の幅が広いということです。注意義務の内容として通常の場合よりも裁量の幅が広い場面であるという基準に従って判断されるべきということだと思います。

武井　ありがとうございます。補償委員会の者が、被補償役員に対して前払済みの争訟費用の返還を求めなかったとしても、同様の基準から、善管注意義務違反にならない場合が多いと思われます。

⑻　D&O 保険と会社補償との役割分担

武井　時間がなくなってきましたが、会社補償と D&O 保険との関係についても議論をしておきたいと思います。

松本　会社補償と D&O 保険につきましては、対象がオーバーラップします。

役員の損害賠償責任追及リスクに対する保護手段として、役員就任条件の1つという形で D&O 保険や会社補償が問題となります。両者の役割分担、どのような場面でいずれを適用すべきかという点や、会社としてどのような制度をどのような形で役員のために準備しておくかという点は会社の判断によると思われます。

相違点としてはまず対象者が若干異なっています。

また、D&O 保険においては対象となる事象、支払額の上限、自己負担額、保険料、手続等について、保険商品としての一定の制約を受けるという意味で、会社補償にはない制約があります。

さらに、会社補償については会社の負担ですべて対応することになるのに対して、D&O 保険は保険料を会社が負担し、保険金自体は保険会社が負担

するという形になっています。

　このように両者は構造的に異なっているので、どのような形で両者のバランスをとるかというところは、会社ごとに検討する余地があると思われます。

　例えば会社補償契約等において、D&O 保険との関係として、一定の、現在既に加入している D&O 保険と実質的に同等の補償範囲及び保険金の額を提供する D&O 保険を有効に維持し続ける商業上合理的な努力が義務づけられる場合もあります。

　また、D&O 保険と会社補償とで二重払いとならないよう、他の保険等による補償を受けた分を会社補償の対象から除外するといった重複払いの禁止を定める規定を置くこともあります。

　両者の関係としては、会社が会社補償に基づき役員の損害等を先に補償したような場合には、その補償額について D&O 保険契約の Side B、いわゆる会社に対する填補によってカバーすることができます。これに対して、役員の損害等を先に D&O 保険によって填補するというような場合には、D&O 保険契約の Side A、役員個人に対する填補によりカバーすることになります。したがって、建付けとして D&O 保険の① Side A 単体と② Side B 及び会社補償のセットとのどちらを使っていくかという点も問題となります。

　会社補償が現行法上認められることが明確化されたことに伴い、日本においても Side B の有用性というのが高まってくると思われますので、今後は SideA のみならず、Side B を含む D&O 保険契約に移行する企業も増えるのではないかと予測されます。

武井　1 点補足すると、米国では、会社補償が法的に許容されない場合でも、D&O 保険で補填することは明確に認められています。その理由として、保険については保険商品としての公序からの制約が別途働いており、取締役等の意図的な不正に対して保険が下りることはそもそもないことも挙げられます。日本の D&O 保険もその点の免責事由は厳格になっています。

(9)　会社補償実務指針案の意義と今後の展望

　武井　では最後に神田先生から本指針案に関する総論的・総括的なコメントをいただけましたら幸いです。

　神田　現在日本の会社法では会社補償に関する直接の規律を置いていません。他方アメリカのデラウェア州法は 145 条というまさに会社補償についての規律を置いているわけで、これが日本の会社法をデラウェア州法と比べた場合の大きな違いです。もちろん、立法論としては日本でもなんらかの規律を設けた方がよいのではないかということが問題になります。しかし、現行法の下でもこの会社補償にあたるような取扱いについてニーズや意義が認められます。現行法の下でどういう手続を踏めばどういう場合に会社補償をすることができるのかが必ずしも明らかでないことは、法的不確実性を高め、会社の経営、企業の運営というものに不確実性を与えるという問題が生じていると思います。この研究会は現行法の下でのそういった不確実性等を払拭し、実際に実務が動いていけるような指針を案として掲げるとともに、法的な分析を加え、どういうところに法的な問題があり得るのか、民法との関係はどうか、現在存在している会社法には直接の規定はないけれども、関連し得る規定との関係はどうかということを整理して検討したものです。実際の実務において参考にしていただければ大変光栄です。

●　「補償」という訳は適切なのか

　神田　あと、補償という日本語がやや言葉として適切さを欠くような気がするのですが、他に良い言葉がないのですよね。日本語で補償と言うと、普通英語では compensation と言いたくなるのですが、なぜか英語では indemnification なので、何か本当はもう少し素敵な言葉が日本語としてあればその方が良いのですが、仕方ないので会社補償と言っているということは申し上げておきたいと思います。

　また、会社補償という言葉はそれだけでは何の話をしているのか非常に分かりにくい言葉であり、そういう意味でもこの分野が幅広く共通の認識に至るにはまだ時間がかかるかもしれないので、議論は少しずつ先へ進むという

ことに実際にはなると思いました。

　武井　確かにそうですね。そもそも会社補償という言葉に、役員という言葉が一言も出ていないですので、これでは何の補償の話をしているのかわかりにくいかもしれませんね。

　神田　compensation も土地収用の補償も「補償」と言っているわけですか。

　松本　それらも同じ字ですね。おそらく区別ができないです。

　神田　compensation というと、むしろアメリカの会社法だと報酬になってしまいますね。本当は「補償」以外にもっと適切な言葉があるとよいのですが……。

　武井　では本日は長時間にわたりまして誠にありがとうございました。

以　　上

第5章

デラウェア州における会社補償制度
——1967年改正とその後の展開[1]

 はじめに

　アメリカでは、取締役等を被告とする訴訟が多く提起されているが、判決
で認められた損害賠償金（以下「判決額」という）、和解金および争訟費用を
含め、社外取締役が個人で出捐することは稀であるとされている[2]。これは、
アメリカにおいて、責任法制、会社補償（indemnification）および会社役員
賠償責任保険（以下「D&O保険」という）が、社外取締役に対する「保護の
層」（"layers of protection"）として機能しているためであるとされている[3]。
　代表的なデラウェア州における会社法（1967年改正前はGeneral
Corporation Law of the State of Delaware、同年改正後はGeneral Corporation
Law、これらを以下「DGCL」という）に会社補償に関する明文の規定が置か
れたのは、1943年改正によるものであるが[4]、同年改正DGCL上の会社補

(1) 本稿は、本書の初版に掲載された同名の論稿を改訂したものである。本稿の課題に関しては、
山中利晃『上場会社の経営監督における法的課題とその検討——経営者と監督者の責任を中心
に』226頁〜259頁（商事法務、2018）がより包括的に検討している。本稿は、日本証券業協
会客員研究員（第6期）としての筆者の研究成果の一部である。
(2) Bernard Black, Brian Cheffins & Michael Klausner, *Outside Director Liability*, 58 STAN. L.
REV. 1055 (2006).
(3) Bernard S. Black, Brian R. Cheffins & Michael Klausner, *Outside Director Liability: A Policy
Analysis*, 162 J. INST. THEOR. ECON. 5, 11-12 (2006).
(4) 44 Del. Laws ch. 125 (1943).

償制度は、会社補償が認められる対象や手続を具体的に規定しておらず、ま
た、裁判所が公序（public policy）の観点から会社補償に課す制約の内容も
必ずしも明確ではなかったことが、会社が実際に補償を行う際の課題になっ
ていた[5]。その後、1967年改正がDGCL145条に会社補償に関するより詳細
な規定を置き、対第三者（会社以外、以下同じ）責任（同条a項）と対会社責
任（同条b項）に応じて、会社が任意で補償を行うことが認められる補償の
対象——判決額、和解金および争訟費用等——やその手続を明確にした[6]。
また、取締役等が勝訴した場合には会社が義務的に補償を行わなければなら
ないとする規定（同条c項）等も設けられた[7]。同年改正により、デラウェ
ア州において会社補償がDGCL上の制度として明確にされ、確立したとい
えるが、同年改正後にも一定の課題が生じ、様々な改正がされ、現在（2022
年2月末時点、以下同じ）の詳細かつ明確な同法同条が形成された経緯がある。

　本稿では、以下、1967年改正DGCL145条の概要と同年改正の背景に関す
る解説を紹介した上で（2）、その後の議論に関する指摘および改正に関す
る解説を紹介し（3）、若干の点を付言する（4）。

 ## 1967年DGCL改正——概要と背景

⑴　1967年改正DGCL145条の概要

　1967年改正DGCL145条の概要は、以下の通りである[8]。

　a項とb項は、いずれも任意的補償を規定し、a項は取締役等の対第三者
責任、b項は同じく対会社責任に関して、会社が任意で補償することが認め
られる要件と対象を明確にしている。会社から補償を受ける者が「誠実にか
つ会社の最善の利益になるか又はこれに反しないと合理的に信じるところに
従って行為し」たことを求めている点でa項とb項は共通している。補償

---

(5)　*See* Arsht & Stapleton, *infra* note 12, at 78. 後述 **2**⑵参照。

(6)　56 Del. Laws ch. 50 (1967).

(7)　前掲注(6)参照。

(8)　前掲注(6)参照。同法同条の和訳については、山中・前掲注⑴526頁～529頁参照。

の対象は、前者では、原則として、費用（弁護士費用を含む）、判決額、罰金および和解金であるのに対し、後者では、費用（弁護士費用を含む）のみが明示されている[9]。後者については、補償を受けようとする者が会社に対して責任があるとの判決が出されるべき場合には補償が認められないが、この場合において補償が適切であると衡平法裁判所が申立てに基づいて決定したときは補償が認められる。

c 項は、会社の義務的補償を規定している。すなわち、a 項と b 項が規定する訴訟等の防御において本案その他において勝訴した場合には、当該訴訟との関係で実際にかつ合理的に負担された費用（弁護士費用を含む）について補償を受ける権利が取締役等にあるとしている。

d 項は、裁判所が命令する場合を除き、a 項と b 項に基づく補償は会社が決定すべきことを規定した上で、決定の手続として、当事者でない取締役、独立した法律顧問、株主の役割を規定している。

e 項は、争訟費用の前払に関する規定である。e 項は、費用の前払を受ける取締役等が補償を受ける資格を最終的に有しない限り前払費用を返金するという約束（undertakings）が得られることを条件に[10]、会社が任意で前払を行えることを明確にしている。

f 項は、附属定款（bylaw）や契約の規定等に基づいて他の補償権等を設定することを本条が排除する趣旨ではなく、本条で規定する補償がこの意味で非排他的であることを規定している。

g 項は、会社補償の対象にならない責任を含め、あらゆる責任についてのD&O 保険を会社が購入できることを規定している[11]。

(2) デラウェア会社法改正委員会の立場

以上のような 1967 年改正 DCGL145 条の背景にあるデラウェア会社法改

---

(9) 後掲注(21)およびこれに対応する本文を参照。派生訴訟における和解金に対する補償の可否については、条文上現在も明確にされていない。後掲注(53)およびこれに対応する本文を参照。
(10) この点に関する 1986 年改正について、後述 3 (2)参照。
(11) この背景にある見解について、後述 3 (1)参照。

正委員会（Delaware Corporation Law Revision Committee）の立場について、以下、立案担当者による解説の内容を紹介する[12]。

　DGCLを包括的に検証し適切と考えられる改正を推奨するよう、デラウェア州議会によってデラウェア会社法改正委員会に対して1963年に依頼がされた。同委員会の検討の中で、3つの目標が直ちに認識された。すなわち、①現行のDGCLの文言を更新し、明確にすること、②コーポレートアクションに関する枠組みを単純化し、会社の実態に合わせること、③改正の余地があると経験上考えられていた同法の実質的な規定を改正すること、である。これらの目標の達成に向けた3年を超える期間の検討を経て、同委員会はDGCLの改正法案を州議会に提出した。速やかに立法がされ、改正法が1967年7月3日に施行された。……

　同委員会の検討の間に会社補償ほど多く議論されたものはなかった。DGCLに関する限り、会社補償に関する現行の制定法上の規定は不十分であると認識されていた。多くの附属定款と定款の規定が、DGCLの規定を明確にし、当該条項〔が認める補償の対象等〕を拡張していたものの、裁判所が公序に基づいて課すであろうと示してきた制約を超えうるかどうかについて多くの場合に不確実性があった[13]。

　〔補償の対象の〕拡張と〔規定の〕明確化が必要であることに議論の余地がない領域もあった。例えば補償されうる者の範囲や補償を行う際の手続がおよそ狭すぎるものであった。改正法は、提訴される可能性があったり、訴訟が係属中であったり、または終結した訴訟手続の当事者となった者またはなるおそれがあった者に対する会社補償を認め、それが民事上、刑事上、行政上または裁判上のものであるかどうかを問わないことにした。現在または

---

[12]　S. Samuel Arsht & Walter K. Stapleton, *Delaware's New General Corporation Law: Substantive Changes*, 23 BUS. LAW. 75, 75, 77-80 (1967). 以下の注は、原注の内容を原則として紹介している。Arsht氏は、デラウェア会社法改正委員会における起草委員会（Drafting Committee）の委員長（chairman）であった。Arsht, *infra* note 25, at 176. *See also* S. Samuel Arsht, *A History of Delaware Corporation Law*, 1 DEL. J. CORP. L. 1, 16 (1976).

[13]　*E.g.* Mooney v. Willys-Overland Motors, 204 F.2d 888, 896 (3d Cir. 1953)（デラウェア法を適用）.

過去にその者が会社の取締役、執行役員、従業員または代理人であるかまたは
会社の求めに応じて他の会社、組合、ジョイント・ベンチャー、信託その他
の事業形態の取締役、執行役員、従業員または代理人であるということを根
拠にしたのである[14]。その者の相続人等も、補償を受けうる者に含まれた[15]。

　刑法と会社法の実質的な規定〔の趣旨〕を没却しないように、補償する権
限に課されるべき制約という点で改正が適切であることも明らかであった。
仮に制定法〔が認める補償〕の範囲に刑事手続における補償が含まれたとす
るならば、例えば反トラスト法の十分な抑止効果は、自らの行為が違法であ
ると信じる合理的な理由を当事者が有しない場合のみ補償を認める場合にの
み維持されうるであろう。このような条項が改正法に加えられた[16]。

　会社に対する忠実という会社法の要請を保護するための同様の条項が必要
であることも同じように明らかであったが、これを公式化することはより難
しいことであった。最終的に、補償を求める者が、「誠実にかつ会社の最善
の利益になるか又はこれに反しないと合理的に信じるところに従って行為し
た」と考えられない限り、補償を行う権限は与えられるべきでないとされ
た[17]。「又はこれに反しない」という表現は、自らの訴訟の対象となった事
柄に関して会社がいかなる利益を有するかを全く認識しなかった執行役員や
取締役を任意的補償の範囲内に置くことを意図したものであった。したがっ
て、自らの口座で株式の購入や事業を行うような純粋に個人的取引を行った
取締役であって、会社がその取引にいかなる利益も有しないと合理的に信じ
た者は、会社の機会を損なったと主張する〔エクイティ上の〕訴訟に関して
補償を受けうるのである。

　これらの制約を改良するために、改正法は、補償を受けようとする者が、
求められる行為規準を満たすかどうかに関する決定を行うための手続を規定
した。この決定は、①利害関係のない取締役の定足数での過半数投票によ

---

[14]　1967 年改正 DGCL145 条 a 項および b 項。

[15]　1967 年改正 DGCL145 条 f 項。

[16]　1967 年改正 DGCL145 条 b 項。

[17]　1967 年改正 DGCL145 条 a 項および b 項。

り、または②仮に当該定足数が満たされない場合もしくは利害関係のない取締役が指示した場合には独立した法律顧問により、または③株主により、されなければならないとされた[18]。

　補償する権限について要件がもう1つ加えられた。改正前は、会社に対する義務の履行における過失や他の違法行為のために責任があるとされた者について、会社によってまたは会社の利益のために訴訟が提起されたところの請求や争点等に関しては、会社は補償することができなかった[19]。改正法は、そのような請求や争点等との関係で補償を認め、仮に、訴訟が係属しているところのデラウェア州衡平法裁判所その他の裁判所が、当該事案の全ての状況を考慮し、その者が補償を受ける資格を公平にかつ合理的に有すると決定した場合には補償が認められるとした[20]。この規定は、取締役が誠実にまた過去に違法であるとされていない形で行為したという状況において、裁判所の承認の下で補償を認めるために望ましいものと考えられた。

　しかしながら、委員会の検討の中で最大の議論の対象になったのは、補償が認められる状況の定義というよりも、むしろ補償の限度であった。第三者によって訴訟が提起された場合に認められる補償が争訟費用だけでなく、判決額、罰金および和解金を含むべきであるという点については速やかに合意された一方、派生訴訟における適切な補償の範囲については長い議論がされたのである。

　最終的に、改正法は、判決額や和解金ではなく、争訟費用の補償のみを認めるべきであるとされた[21]。取締役からの返金のみにより、取締役に不利な判決をそれに利益になるように無効なものとすることを会社に認めることは、委員会の判断として、会社法の実質的な規定を変更することになるため、認められるべきでない。派生訴訟の和解金に関しては、これに補償を認

---

(18)　1967年改正 DGCL145条 d 項。
(19)　ただし、仮にある者が同じ訴訟で別の請求について責任があるとの判決が出された場合であっても、責任があるとの判決が出されていない争点や請求との関係では、会社はその者に補償することができることに留意すべきである。
(20)　1967年改正 DGCL145条 b 項。
(21)　1967年改正 DGCL145条 b 項。

めることは、そのような状況において、派生訴訟の原告は自身の訴訟によっ
て会社に生じる利益を立証できないかもしれず、弁護士費用を含む自身の争
訟費用が返金されることをおそらくは正当化できないかもしれないため、和
解を妨げるという最終的な効果を有するであろうということが委員会の見解
であった。

　会社が補償することが認められる領域を定義することに加えて、改正法
は、会社の取締役、執行役員、従業員または代理人であって訴訟手続や請求
等における防御で本案その他において勝訴した者に補償を受ける絶対的な権
利を与える条項を加えた。そのような者は、勝訴したところの自身の防御と
の関係で実際にかつ合理的に負担した費用（弁護士費用を含む）について、
補償される資格を有するのである[22]。

　多くの新たな付加的な条項もまた145条に加えられた。第1に、最終的に
補償を受ける資格がないと決定された場合には返金するという約束に基づい
て、争訟費用の前払が認められた[23]。第2に、同条の下で補償されうる全て
の者を保護するために保険を購入する権限を会社に与えるとともに、特に同
条の下で会社が補償する権限を超える責任に対する保護をそのような保険が
含みうることを規定した[24]。したがって、会社は、会社に対する義務の履行
における過失または他の違法行為による責任から経営幹部を救済する保険契
約の保険料を支払うことができる。これは、改正委員会の判断において、制
定法の目的と矛盾するものではなかった。それは、経営幹部や会社が経営幹
部の利益のためにそのような保険を購入することができる程度まで、仮に望
ましい場合には経営幹部の報酬の一部として、会社が保険料を支払うことが
できるということをたんに認めたものである。

　最後に、改正法によって与えられた補償権限は、補償する他の権利が、裁

---

[22]　1967年改正DGCL145条c項。

[23]　1967年改正DGCL145条c項。

[24]　1967年改正DGCL145条g項。これは、ある保険約款が会社とその役員の両方を保護している
　　場合の保険料の負担割合を適切な根拠に基づいて決定するという厄介な問題に多くの会社の法
　　律顧問を取り組ませることを防ぐであろう。*See* Joseph W. Bishop, Jr., *New Cure for an Old
　　Ailment: Insurance Against Directors' and Officers' Liability*, 22 BUS. LAW. 92, 106-107（1966）.

判所が確立する公序による制約の範囲内で、契約、附属定款または定款に
よってなお存続することができるよう、排他的なものではないとされた。

 ## 1967年 DGCL 改正後——議論と改正

(1)　1967年改正 DGCL145 条について生じた議論

　1967年改正による以上のような DGCL145 条については、その後一定の議
論が生じ、様々な改正がされて現在に至っている。以下、同じ立案担当者に
よってその約10年後に公刊された別の論稿[25]の内容を紹介する[26]。

　実務から最も頻繁に発せられた問いは、145 条が非排他的であることを規
定する同条 f 項が何を意味しているのかということであった。……決まって
された問いは、会社が附属定款または取締役との間の契約において、取締役
が提訴され、敗訴または和解した場合に支払うべきものは何であれ補償され
るということを規定することができるのかどうかという点である。この問い
に対する回答は、「否」である。同条同項は、145 条が非排他的であること
を規定し、追加的な権利が設定されることを認めているが、それは取締役の
行為と無関係にあらゆる性格の全ての費用、罰金または和解金について取締
役に補償することを無条件に承認するものではない。制定法上の文言は、公
序による制約に服し、第三巡回区控訴裁判所の首席裁判官であるデラウェア
の優れた裁判官によってそのように考えられている。1967年改正に先立っ
て、*Mooney v. Willys-Overland Motors, Inc.* 事件[27]において、John Biggs
裁判官は、1967年改正前 DGCL の下での非排他的条項に関する事案を判断
する際に、公序による制約があることを明らかにし、非排他的条項をあらゆ
る全ての補償を認めたものと解することはできないとした。さらに、非排他
的条項は、それ自体としていかなる補償権を創出するものではなく、たんに

---

(25)　S. Samuel Arsht, *Indemnification Under Section 145 of the Delaware General Corporation Law*, 3 DEL. J. CORP. L. 176（1978）.

(26)　*Id.* at 176-81. 以下の注は、原注の内容を紹介している。

(27)　204 F.2d 888（3d Cir. 1953）.

他の権利が創出されることを認めるものにすぎない。したがって、公序に加えて、145 条が明示的に認めているもの以外の補償には、独立した法的根拠が必要であり、それは例えば適切な考慮に基づく契約上の権利が挙げられるところである。

　DGCL145 条が提起したこの他の問題としては、費用の前払に関する e 項が挙げられる。同項は訴訟の終結前に会社が争訟費用を前払することを認めている[28]。通常、費用を前払するという決定は、被告がその法的サービスに対する最初の支払請求書を受領する直前か、仮に前でない場合には直後にされる。f 項は、仮に取締役が補償を受ける資格を最終的に有しない場合には取締役が返金に合意することを条件に、訴訟の終結前に会社が争訟費用を前払することを認めている。同項は 1943 年の時点では存在せず、1967 年に初めて設けられ、d 項に規定された形で取締役会によってされる前払を認めたものである[29]。d 項は、利害関係のない取締役の過半数が、取締役が誠実に行為し、かつ、会社の最善の利益になるかまたはこれに反しないように行為したと決定する場合に補償を認めている。したがって、前払は、取締役が勝訴するであろうという訴訟の開始時点における肯定的な認定に基づいてのみされうるものである。このような認定の必要性は、私〔Arsht 氏、以下同じ〕やデラウェア州の弁護士には望ましくないものと認識され、この f 項の示唆を我々〔Arsht 氏ら、以下同じ〕が認識するや否や——それはわずか数週間でされたのであるが——制定法には、法律家協会（Bar Association）で全て最初から検討し直すという手続を経ることなく技術的に修正することができる技術的な誤りがあるという結論にいたった。我々は、数週間で法改正を行い、仮に補償を受ける資格がないと最終的に決定される場合は返金するという約束が前払される者から得られれば、取締役会が特定の事案で前払することが認められると規定したのである。模範事業会社法（Model Business Corporation Act、以下「MBCA」という）は、この点を除いて現在〔1978 年、

---

[28] DEL. CODE ANN. tit. 8, §145(e) (1974).

[29] Id. §145(d) (1974).

以下**3**(1)において同じ〕のDGCLと同じ補償規定を有しており、我々が
1967年に修正した技術的な誤りをいまだに含んでいる。10年後の現在、
MBCAの起草者はこれをどのように改正すべきかを検討し始めたにすぎな
い。

　現在のDGCL145条の下で、訴訟を提起された取締役に争訟費用を前払す
るかどうかを考慮する際に取締役会が決定しなければならない唯一の事項
は、最終的に敗訴し補償を受ける資格がないとなった場合にその者が返金で
きるのかどうかという点である。それはたんに、その者の信用リスクが良好
であるかどうか、また、会社からの年金受給権を含むその者の特性と財政状
態が、前払金を返金するであろうと示しているかどうかを決定するという問
題である。さらに、私の見解では、取締役が敗訴するであろうという仮定の
下で前払するかどうかを決定することは取締役会にとって適切である。なぜ
なら、その場合にのみ、その者が前払金を返金することができるであろうか
どうかを問うことが重要になるからである。仮にその者が勝訴するのであれ
ば、その者は前払金を返金する必要はない。この問題に関する判例は存在せ
ず、問題をこのように議論したものは見当たらないが、取締役が自身の争訟
費用と判決額の両方を支払うことができないであろうと思う場合でさえも、
取締役会は前払することができるというのが私の見解である。私がこの見解
に立つのは、DGCL145条、特に前払を認めるe項が、取締役は事実と法に
照らして最善の能力で防御するための必要な手段を与えられるべきであると
いう法の目的を表明しているからである。

　取締役に対する争訟費用の前払を考慮する際に、DGCL143条が、会社に
対して利益があると取締役会が決定する場合に、取締役、執行役員または従
業員に貸付を行うことを取締役会に認めていることにも留意する必要があ
る[30]。取締役への争訟費用の前払は、その者が訴訟の防御に成功するかどう
かに返金の必要が依存する、単なる貸付である。したがって問われてきたの
は、争訟費用を前払することが会社に対して利益があるという143条の下で

---

(30)　*Id.* §143 (1974).

求められる決定を取締役会が行わなければならないかどうかである。私の見解では、取締役会はそのような認定を行う必要はない。仮に143条を根拠に取締役に例えば引越費用や新居の購入費用として十分な金員を貸し付けるのであれば、このことが会社に対して利益があるという認定を取締役会は行わなければならないと私は考える。しかし、仮に取締役会が条件付補償として金員の前払を行っている場合には、この認定を行う必要はないと私は考える。なぜなら、DGCL145条自体と前払することの承認の中に、前払することが会社に対して利益があると考えられるということが含意されているからである。もちろん、取締役会は全ての事案における費用の前払を求められているわけではない。取締役会は、特定の事案の状況に基づいて、前払することを拒否する権利を有し、提訴された取締役はこれに関して何もすることができない。争訟費用の前払規定が義務を課す何かというよりもたんなる承認や許可であるのは適切であると私は考える。

　最後に保険に関するg項を検討する。……DGCL145条「に基づいて当該責任に対して会社がその者に補償する権限を有するであろうかどうかにかかわらず」D&O保険を購入し保険料全額を支払うことを会社に認める同項より多くの批判は補償に関して生じなかった。私は同項についてこれを非難されるべき何かと読むことを表明しているBishop教授およびCary教授の両方と議論した。同項を批判する者は、それが、意図的であれそうでない場合であれ、全ての種類の悪事に対して会社の負担で取締役に付保することを会社に認めるものであり、それゆえに、取締役をその悪行の結果から隔離するものと信じている。これほど真実と乖離するものはない。同項はこのことを意図するものではなく、また、同項がこれを認めるものと解するのは公平ではないと私は考える。なぜなら、同項は会社法であって保険法ではないからである。我々が同項を起草した際、保険法がどのようなものであるか、また、保険会社の不変の実務であると我々が知っていたところを再述することは意図しなかった。批判者が言うところの悪事の類に対する保険は得られないことを我々は知っていた。批判者が表現する類の故意の違法行為による取締役の責任に付保することは公序に反すると我々は知っていた。仮に法が禁

じない場合でもそのような保険約款を作成する保険会社は存在しないであろうということも我々は知っていた。したがって、故意の違法行為の結果に対して付保することを意図する保険約款を保険会社は作成しないものとするという趣旨の規定を会社法である DGCL に置くことが必要であるとは我々は考えなかったのである。過失による違法行為よりも深刻な何かに対して D&O 保険約款は得られない。この点で、D&O 保険約款は医師や弁護士の過誤保険や通常の運転者責任保険約款と異なるものではない。

　この保険に関する g 項のこの他の面は、生じた損失について会社が取締役に補償できたかどうかにかかわらず、保険料全額を支払うことを会社に認めている点である。同項の背景は以下の通りである。D&O 保険約款は、伝統的にまた現在も、2 方向の事柄である。それは、会社に対する塡補と、取締役および執行役員個人に対する塡補である。D&O 保険約款が最初に利用可能となった時から、保険会社——この種の保険約款を作成するのは 2 社、3 社だけであるが——にこれら 2 種類の塡補を分離させるための努力がされてきた。しかし、保険会社は、別々の塡補を提供することは現実的でも望ましいわけでもないと主張し、これを拒否したのである。2 つの異なる塡補のために 2 つの異なる保険約款を作成することを保険会社が拒否したことから、保険契約者たる会社は保険会社に対し、取締役に対する会社補償に係る塡補としての保険料総額はどれだけであるか、また、取締役および執行役員の補償できない責任の塡補に係る保険料がどれだけであるかを尋ね、保険会社は回答を拒否した。このため、DGCL が保険に関する g 項を有する〔1967年改正〕前は、これら 2 つの塡補のある D&O 保険を購入した会社は、合理的な配分に達するために最善を尽くした。大部分の会社は、保険料総額のうち 90% が会社自身の塡補に適切に割当てられ、10% が適切かつ公平に〔取締役等〕個人に割当てられると決定した。各社はその上で、保険料の個人部分を支払うよう取締役に求めたのである。

　デラウェア州において、我々はこの非現実的で無意味な状況を考慮し、取締役が自身の D&O 保険の保険料として支払うものが、取締役会に出席する際の出張費用と広義の同じ類型ではないと考える理由はないと結論づけた。

それは、その者が取締役であることの結果として合理的に負担した費用であって、その者に出張費用を疑いなく返金するのとまさに同様に、D&O 保険の費用を会社は取締役に返金すべきである。このため、我々は、保険料を配分した上で当該配分額を取締役の報酬に上乗せし、事実上返金するという実務を除くことにした。我々は、会社は返金を考えずに最初から保険料全額を支払えるべきであると決定した。g 項については、これ以上不運な結果は考えられなかった。同項の起草者による努力には、隠れた報酬や罰せられずに会社から何かを奪う手段を取締役に提供するものはなかったのであるが、それにもかかわらず、g 項に様々な隠れた目的をなお読み込む者が存在したのである。

⑵　1967 年改正後の改正

　以上のように、1967 年改正 DGCL145 条については一定の議論が生じ、同年改正後にも様々な改正がされている。以下、この約 50 年間の改正に関する解説を紹介する[31]。

　145 条は、1967 年以降たびたび改正されてきた。1968 年に 145 条 e 項が改正され、①前払は、同条 a 項および b 項において示された適用される行為規準を補償を受けようとする者が満たしているという決定に基づいてのみ会社によって支払われるべきこと、および、②当該決定は利害関係のない取締役、独立した法律顧問または株主によって、同条 d 項が規定する方法で行われるべきこと、という 2 つの要件が撤廃された[32]。代わりに、1968 年改正は、「その特定の事案において取締役会によって認められるものとして」前払を認めた[33]。

---

[31]　以下の記述は、次の文献の本文（原則として注を除く）の内容を紹介している。EDWARD P. WELCH, ROBERT S. SAUNDERS, ALLISON L. LAND & JENNIFER C. VOSS, FOLK ON THE DELAWARE GENERAL CORPORATION LAW §145.15 4-506 to -511 (7th ed. last updated Dec. 2021). 法改正に係る注の原典は原文の中で記載されているものである。

[32]　56 Del. Laws ch. 186, §6 (1968).

[33]　*Id.*

　1970年には、145条が認める補償を、吸収合併または新設合併によって吸収された合併当事会社の取締役、執行役員、従業員または代理人に拡張するために、同条にh項が加えられた[34]。しかし、この改正は、合併前にまた合併にかかわらず会社によって補償されえたであろうとなかろうと、吸収合併消滅会社の取締役、執行役員、従業員または代理人に補償することを認めるように思われたため、当初意図されたところより広いものであった。これは、「仮にその者が新設会社又は存続会社において同じ能力で務めていたならば立っていたであろうところと同じ地位に、本条の規定に基づいて、新設会社又は存続会社において立つものとする」と規定して、吸収合併消滅会社の取締役、執行役員、従業員または代理人を、存続会社において同じ地位を有していたかのように取扱う同条h項の文言から生じたものであった。1974年には、1970年改正によって生じた意図せざる結果を是正するために同条h項が改正された。1974年改正は、吸収合併消滅会社の取締役、執行役員、従業員または代理人が「仮にその独立した存在が存続していたならば当該合併当事会社においてその者が有していたであろうところ」と同じ地位に立つものとすると規定した。

　1974年改正は、145条の目的のため、吸収合併消滅会社の関連会社——「仮にその独立した存在が存続していたならばその取締役、執行役員、及び従業員又は代理人に補償する権限と権原を有していたであろうところの」——が含まれるように「会社」を定義した[35]。同条h項はまた、「合併当事会社」の定義の中に「当事会社の関連会社」が含まれるように改正された[36]。同条同項のこの改正は、「仮に合併当事会社が補償する権限を有しなかったならば、デラウェア州の吸収合併存続会社は当該合併当事会社の取締役又は執行役員に補償する権限を有しないであろう」ことを明確にしたものである。

　1983年に145条e項が改正され、民事または刑事の〔コモン・ロー上の〕訴訟、〔エクイティ上の〕訴訟または訴訟手続の防御費用が会社によって前

----

(34)　57 Del. Laws ch. 421, §2 (1970).
(35)　59 Del. Laws ch. 437, §7 (1974).
(36)　Id.

払される従業員または代理人は、当該前払金を返金するという約束を会社に
対して提供しなければならないとする要件が削られた。同項は、当該前払を
行うこととの関係で課されるべき契約条件が仮にある場合には取締役会がこ
れを決定することを認めた[37]。この改正は、取締役と執行役員からの返金の
約束を要件とする既存の法に影響するものではなかった[38]。

　1986年にいくつかの重要な改正がされた[39]。第1に、「義務の履行におけ
る過失又は違法行為により」という文言を削るために145条b項が改正さ
れた。改正前同項は、「義務の履行における過失又は違法行為により」責任
があるとされた者が補償を求める場合の派生訴訟における費用に対して補償
する前に裁判所の承認を要求していた。引用箇所の文言は、デラウェア州最
高裁判所による *Smith v. Van Gorkom* 事件[40]と *Aronson v. Lewis* 事件[41]に
おける2つの判断と制定法を調和させるために同年改正で削られたものであ
る。これらの判断は、経営判断原則の下で、取締役は注意義務違反が主張さ
れている場合に重過失に基づいてのみ責任を負うことを明確にした。同条b
項に対する同年改正では、法の実質的な変更は意図されていない。

　145条e項に対する1986年改正は、取締役または執行役員の返金の約束
を、「補償される資格をその者が有すると最終的に決定されない*限り*」から、
「補償される資格をその者が有しないと最終的に決定される*ならば*」に改め
た。さらに、同条同項から「特定の事案において取締役会による承認の通り
に」という文言が削られた。この改正は、個々の前払請求を個人ベースで評
価することを求める代わりに、「その趣旨で、設立定款や附属定款の義務的
な〔補償を義務化する〕規定を含む費用の前払の一般的な承認」を与えるこ
とを会社の取締役会に認めたものである。145条e項に対するこれら1986
年改正は、同条a項およびb項に基づく全ての補償に対して同条d項が求

---

[37] 64 Del. Laws ch. 112, §7 (1983).

[38] *Id.*

[39] 65 Del. Laws ch. 289, §§3-6 (1986).

[40] Smith v. Van Gorkom, 488 A.2d 858 (Del. 1985).

[41] Aronson v. Lewis, 473 A.2d 805 (Del. 1984).

める決定がされていることを確認するという積極的な義務を取締役会から取り除いたわけではない。

　1986 年に 145 条 f 項が改正され、「及び費用の前払」という文言が加えられた。この改正は、同条 e 項が規定するところ以外の条件により費用を前払する権利を含めるために、同条 f 項が規定する「他の権利」という文言を明確化することを意図したものである。「かつ取締役、執行役員、従業員又は代理人を辞任した者について存続するものとし」という文言は、新設された同条 j 項に移された。この改正は、何らの実質的変更を意図したものではない。

　1990 年に 145 条 e 項が改正され、会社が前払することができる費用は弁護士費用を含むこと、および、会社は民事手続または刑事手続におけるものだけでなく、行政上の訴訟手続または調査手続における防御費用も前払できることが明確にされた[42]。

　1994 年に 145 条 d 項が改正され、取締役会の定足数を満たすかどうかにかかわらず、当事者でない取締役の多数決によって補償請求に対して行為することを認めた。さらに、同年改正は同条 k 項を新設し、同条を根拠に提起された〔コモン・ロー上の〕訴訟を審理し決定する排他的な管轄を衡平法裁判所に与えた。同条同項は、同条を根拠に提起されたところの、訴訟の最終的な終結前に会社が費用を前払することを義務付けられるかどうかに関する決定を求める〔コモン・ロー上の〕訴訟の略式での取扱いについても規定した[43]。

　1997 年に、義務的補償と費用の前払に関して、145 条に対していくつかの改正がされた[44]。

　2009 年に 145 条 f 項が改正され、2008 年の *Schoon v. Troy Corp.* 事件[45]でデラウェア州衡平法裁判所が形成した手法とは異なるデフォルト・ルール

---

(42)　67 Del. Laws ch. 376, §3 (1990).

(43)　69 Del. Laws ch. 261, §§1-2 (1994).

(44)　71 Del. Laws ch. 120, §§5-6 (1997).

(45)　Schoon v. Troy Corp., 948 A.2d 1157 (Del. Ch. 2008).

が採用された[46]。改正同条同項の下で、設立定款や附属定款の規定に基づいて補償や費用の前払を行う権利は、補償または費用の前払が関係するところの作為または不作為が生じた後の〔設立定款や附属定款の〕規定改正によっては、当該作為または不作為の時に当該除外または侵害を〔設立定款や附属定款の〕規定が明示的に認めていない限り、除外されまたは侵害されないものとされた。

2010 年に 145 条 d 項および e 項が改正された[47]。第 1 に、同条 d 項は、同項第 2 文──補償が適切であるとする決定が、特定の状況において、特定された意思決定機関の 1 つによってされることを要求するところの──が、補償を求める者が当該決定の時点において会社の取締役または執行役員である場合（補償を求める者が当該時点において会社の取締役または執行役員でないが、会社の求めに応じて他の会社、パートナーシップ、ジョイント・ベンチャー、信託またはその他の事業形態の取締役または執行役員として務めている場合と反対に）に適用されることが明確にされた。

第 2 に、同条 e 項が改正され、同項第 1 文が、前払を行う会社の現在の執行役員および取締役に対する費用の前払（会社の求めに応じて他の会社、パートナーシップ、ジョイント・ベンチャー、信託またはその他の事業形態の執行役員または取締役として務める者に対する前払ではない）に適用することを意図するものであることが明確にされ、またさらに、会社の求めに応じて他の会社、パートナーシップ、ジョイント・ベンチャー、信託またはその他の事業形態の取締役、執行役員、従業員または代理人として務める者に対して、仮にある場合には当該契約条件に基づいて、適切であると会社が考えるとおりに費用が前払されうることが明確にされた。

2011 年に 145 条 f 項が改正され、設立定款または附属定款の規定に基づいて補償や費用の前払を受ける権利は、作為または不作為の時に当該除外または侵害を〔設立定款または附属定款の〕規定が明示的に認めていない限

---

(46) 77 Del. Laws ch. 14, §3 (2009).

(47) 77 Del. Laws ch. 290, §§5-6 (2010).

り、補償や費用の前払が関係するところの作為または不作為が生じた後の設立定款または附属定款の修正によって除外されまたは侵害されないことが明確にされた[48]。

　2020 年に 145 条 c 項が改正され、訴訟の防御において本案で勝訴した場合に一定の類型の執行役員のみが同条同項に基づく義務的補償を受ける資格を有するとされた[49]。改正後の同条同項は補償を受けるこの制定法上の権利を有する執行役員を、執行役員の義務に対する違反に関する行為について〔デラウェア州法典〕第 10 編 3114 条 b 項に従ってデラウェア州の管轄に合意していると考えられる執行役員として定義した。そのような執行役員は、会社の社長（president）、最高経営責任者（CEO）、最高執行責任者（chief operating officer）、最高財務責任者（chief financial officer）、最高法務責任者（chief legal officer）、会計検査担当〔執行役員〕（controller）、財務担当〔執行役員〕（treasurer）、および最高会計責任者（chief accounting officer）からなるであろう。この改正は、2020 年 12 月 31 日以前に生じた作為または不作為について 145 条 c 項に基づき補償を受ける権利を有する執行役員については定義せず、また、同条の他の項の目的のための執行役員として誰がその資格を有するかを定義したわけではない。

　2020 年には 145 条 c 項 2 号が加えられ、145 条 a 項または b 項における〔訴訟または〕訴訟手続の防御において勝訴する場合に現在または過去の取締役または執行役員でない者に対して会社が補償することを認めた（しかし要求はしていない）[50]。

　2020 年には 145 条 f 項が改正され、補償または〔費用の〕前払を受ける権利の除外または侵害の禁止が設立定款または附属定款のあらゆる廃止または除外の場合に適用されることが明確にされた[51]。

---

(48)　78 Del. Laws ch. 96, §6 (2011).
(49)　82 Del. Laws ch. 256, §9 (2020).
(50)　*Id.*
(51)　*Id.*

⑶　若干の検討

　同 2020 年改正後、2022 年に DGCL145 条 c 項および g 項が改正された[52]。同条 c 項の改正は誤植を正したものにすぎないが、同条 g 項の改正は、デラウェア州法典第 18 編第 69 章に基づき許可されたあらゆるキャプティブ保険会社（captive insurance company）を含め、あらゆる法域の法に従って組織され許可されたキャプティブ保険会社によりまたはそれを通して会社が直接にまたは間接にその取締役や執行役員等のために保険を購入し保有することを明示的に認めるとともに、そのように認めるキャプティブ保険の条項について要件を定めたものである。当該要件の概要は、①終局的な司法判断によって確定した場合、法的に得る資格のない個人的利益や故意の法令違反等に起因する請求との関係で生じた損失に対して保険者が支払を行わないものとすること、②会社の現在の取締役または執行役員に対する請求に関する保険金の支払に向けた決定は独立した請求管理者（independent claims administrator）によってまたは DGCL145 条 d 項 1 号から 4 号に従って行うものとすること、および、③会社によるまたは会社の権利における訴訟または訴訟手続における訴えの取下げまたは和解との関係で支払を行う前に、当該取下げまたは和解との関係で当該キャプティブ保険に基づいて支払が行われることを会社が株主に通知するものとすること、である。

　現在の DGCL145 条 b 項は、派生訴訟における和解との関係で「実際にかつ合理的に負担された費用（弁護士費用を含む）」に対する任意的補償を認めているが、ここでの和解金に対する補償の可否については、条文上なお明確にされていない[53]。

 結びに代えて

　1967 年改正前 DGCL は、会社補償が認められる対象や手続を具体的に規

⑸　83 Del. Laws ch. 279, § 1（2022）.

⑸　*See* WELCH, SAUNDERS, LAND & VOSS, *supra* note 31, § 145.06 4-478 to -479.

定しておらず、また、裁判所が公序の観点から会社補償に課す制約の内容も必ずしも明確ではなかったことが、会社が実際に補償を行う際の課題になっていた。このことを背景に、同年改正 DGCL145 条において会社補償制度が明確にされ、確立された。同年改正後にも随時の様々な改正がされ、現在の会社補償制度が形成された経緯がある。

　アメリカでは、全ての州が会社補償に関する明文の規定をその州法に置いているとの指摘がみられる[54]。このような状況の下で、社外取締役がその責任を追及する訴訟の被告となり、これに伴って個人で出捐することは稀であるとされている[55]。このような事案として、特にデラウェア州最高裁判所による 1985 年の *Smith v. Van Gorkom* 事件判決[56]があり、その翌年、注意義務違反による取締役の責任を事前に免除または制限する規定を定款に置くことを認める DGCL102 条 b 項 7 号が設けられたことも[57]、取締役の責任からの救済につながっている。

---

[54]　Gary Lockwood, Law of Corporate Officers and Directors: Indemnification and Insurance §3:5 n.2 and accompanying text（last updated Nov. 2021）.

[55]　前掲注(2)およびこれに対応する本文を参照。

[56]　前掲注(40)参照。*See* Black, Cheffins & Klausner, *supra* note 2, at 1067.

[57]　65 Del. Laws ch. 289, §2（1986）. 同改正に際して、DGCL145 条 b 項が認める任意的補償の対象に判決額や和解金を含めることがデラウェア法律家協会の会社法部会で検討されたが、これが否定された経緯があるとの指摘がある。E. Norman Veasey & Jesse A. Finkelstein, *New Delaware Statute Allows Limit on Director Liability and Modernizes Indemnification Protection*, Bus. Law. Update, Jul.-Aug. 1986, at 1, 2. その理由として、①取締役が会社に与えた損害について会社が会社自身に支払を行うことになり、循環になること、②これによって株主が利益を得ず、会社が原告と被告両方の弁護士費用を負担することになるため、費用がかかるという結果になること、が挙げられている。*Id.*

執筆者略歴

神田　秀樹（かんだ　ひでき）
＜略歴＞
学習院大学大学院法務研究科教授、東京大学名誉教授、西村あさひ法律事務所アドバイザー。1977 年、東京大学法学部卒業。
＜主要著作＞
『会社法（第 19 版）』（弘文堂、2017 年）、『金融商品取引法概説（第 2 版）』（共編著、有斐閣、2017 年）、『金融法講義（新版）』（共編著、岩波書店、2017 年）、『The Anatomy of Corporate Law（第 3 版）』（共著、Oxford University Press、2017 年）、『日本法の舞台裏』（共著、商事法務、2016 年）、『役員報酬改革論（増補改訂版）』（共編著、商事法務、2016 年）、『会社法入門（新版）』（岩波新書、2015 年）、『数理法務概論』（共訳、有斐閣、2014 年）、ほか著作論文多数。

山中　利晃（やまなか　としあき）
＜略歴＞
筑波大学ビジネスサイエンス系准教授。2007 年、東京大学法学部卒業、日本銀行入行（2013 年退職）。2016 年、東京大学大学院法学政治学研究科総合法政専攻博士課程修了、博士（法学）。
＜主要著作＞
『上場会社の経営監督における法的課題とその検討――経営者と監督者の責任を中心に』（商事法務、2018 年）ほか。

武井　一浩（たけい　かずひろ）

＜略歴＞

西村あさひ法律事務所弁護士。1989 年、東京大学法学部卒業。1991 年、弁護士登録（43 期）。1996 年、ハーバード大学ロー・スクール卒業（LL.M.）。1997 年、米国ニューヨーク州弁護士登録、同年オックスフォード大学院経営学修士（MBA）。

＜主要著作＞

『D&O 保険の先端 I 』（共編著、商事法務、2017 年）、『デジタルトランスフォーメーションハンドブック』（共編著、商事法務、2022 年）、『株主総会デジタル化の実務』（共編著、中央経済、2021 年）、『役員報酬改革論（増補改訂版）』（共編著、商事法務、2016 年）、『企業担当者のための消費者法制実践ガイド』（共監修、日経 BP 社、2016 年）、『コーポレートガバナンス・コードの実践』（編著、日経 BP 社、2021 年）

森田　多恵子（もりた　たえこ）

＜略歴＞

西村あさひ法律事務所弁護士。2003 年、京都大学法学部卒業。2004 年、弁護士登録（57 期）、2010 年、ペンシルベニア大学ロースクール卒業（LL.M）、2011 年、米国ニューヨーク州弁護士登録。

＜主要著作＞

『株主総会デジタル化の実務』（共著、中央経済社、2021 年）、『デジタルトランスフォーメーションハンドブック』（共著、商事法務、2022 年）、『債権法実務相談』（共著、商事法務、2020 年）ほか著作論文多数。

松本　絢子（まつもと　あやこ）

＜略歴＞

西村あさひ法律事務所弁護士。2003 年、上智大学法学部法律学科卒。2005 年、弁護士登録（58 期）。2012 年、ノースウェスタン大学ロースクール卒業（LL.M.）。2012 年 - 2013 年、米国三菱商事会社及び北米三菱商事会社（ニューヨーク）出向。2013 年、米国ニューヨーク州弁護士登録。

＜主要著作＞

『D&O 保険の先端 I 』（共編著、商事法務、2017 年）、「新しい D&O 保険への実務対応〔上〕——保険料全額会社負担の解禁を受けて——」（旬刊商事法務 No.2100、2016 年）、「新しい D&O 保険への実務対応〔下〕——保険料全額会社負担の解禁を受けて——」（共著、旬刊商事法務 No.2101、2016 年）、「『コーポレート・ガバナンスの実践』を踏まえた会社補償と D&O 保険の在り方」（損害保険研究 78 巻 1 号、2016 年）、『金商法大系 I ——公開買付け(1)』（共編著、商事法務、2011 年）、『会社法・金商法　実務質疑応答』（共著、商事法務、2010 年）、『最新金融レギュレーション』（共著、商事法務、2009 年）ほか著作論文多数。

西原　彰美（にしはら　あきみ）

＜略歴＞

西村あさひ法律事務所弁護士。2012 年、同志社大学法学部卒業。2015 年、大阪大学高等司法研究科（法科大学院）卒業。2018 年 – 2021 年金融庁企画市場局企業開示課。2016 年、弁護士登録（69 期）。

＜主要著作＞

「コーポレートガバナンス・コードと投資家と企業の対話ガイドラインの改訂の解説」（共著、商事法務、2021 年）ほか。

成長戦略と企業法制
会社補償の実務〔第2版〕

2018年2月20日　　初　版第1刷発行
2022年4月20日　　第2版第1刷発行

編　　　者　　会社補償実務研究会

発 行 者　　石 川 雅 規

発 行 所　　株式
　　　　　　会社 商 事 法 務

　　　　　　〒103-0025 東京都中央区日本橋茅場町 3-9-10
　　　　　　TEL 03-5614-5643・FAX 03-3664-8844〔営業〕
　　　　　　TEL 03-5614-5649〔編集〕
　　　　　　https://www.shojihomu.co.jp/

落丁・乱丁本はお取り替えいたします。　　　　印刷/広研印刷㈱
© 2022 会社補償実務研究会　　　　　　　　Printed in Japan
　　　　　　　　　　　　Shojihomu Co., Ltd.
　　　　　　ISBN978-4-7857-2959-2
　　　　　*定価はカバーに表示してあります。